梅澤秋久——著

体育における「学び合い」の理論と実践

大修館書店

はじめに

近年、学校現場での体育の研究会の題目に「学び合い」や「かかわり合い」という文言が多くみられるようになりました。筆者は、そのような研究会に参加させていただいた際、必ず「なぜ学び合い（かかわり合い）が必要なのですか」と質問しています。しかし、現場の先生から明確な答えが返ってくるのはきわめてまれなことです。読者の皆様ならば、何とお答えになりますか。

「コミュニケーション能力が求められているから」という返答が多いのですが、それだけでは体育としての必要十分条件を備えていません。コミュニケーション能力の育成だけであるならば、体育以外のアプローチもあるからです。むしろ、個々の机の並びが分断され、画一的に黒板の方を向かせ、教師の説明を聞かせている他教科すべての授業方法を変えた方が、コミュニケーション能力の育成には良いとさえ思えます。

「言語活動が重視されているから」という先生の授業は「話し合いあって運動なし」という体育に陥りやすいのが現実です。学級活動や健康をテーマにした総合的な学習の時間ならまだしも、教科体育としては運動時間の不足には問題があるといわざるを得ません。また、体育の場合は、身体的なコミュニケーションである非言語的活動も不問に付してはならないのが現実です。

ある先生が「『学び合い』ってよく見聞きするので研究テーマにしたのですけど、ぶっちゃけ、よくわからないのですよね」と話してくれました。ある学校では、校内研究会で研究授業も行わず「学び合いとは何か」を半年以上話し合ってきたそうです。

美辞麗句であり、教育界での流行語のようになっている「学び合い・かかわり合い」を、不易流行として体育で行うための理論と実践を紹介するのが、本書の一つめの目的です。

＊

ところで、学習指導要領がおよそ10年に一度改訂されるのは、ご存知の通りです。社会の変容に応じて教育の目的、内容、方法も変遷していく必要があるからです。しかし、体育の授業はどうでしょう。

筆者は、15年間の小学校教員経験があります。残念ながら、時代錯誤の体育授業をこれまでたくさん目にしてきました。かくいう筆者も「残念な」体育を実践した経験があります。残念な体育実践の多くは、教師である「私」が受けてきた体育を再生産してしまった点にあるといえます。

そのような時代錯誤の体育実践は筆者の周辺だけではないようです。筆者は大学の教員になってから毎年必修授業内で学生に小・中・高校時代の教科体育（保健体育科の体育分野を含む。以降、本書ではすべて体育と表記する）に関連する調査を実施しています。

保健体育科を専門教科・領域とする大学生に「体育は好きだったか」を問うと、総じて好きという答えが返ってきます。一方、小学校教員養成系の学生に同じ質問をすると、好きという答えが多数を占めながらも嫌いと答える学生も少なからず存在します。これは例年同様の傾向であり、出身地域は影響しません。

理由を見てみると、その好き嫌いの差には「自分は運動ができる／できない」という意識が関係しているということに気づきます。さらに、理由を詳細に分析してみると、保健体育科を専門とする学生の中には、運動ができることや過去のスポーツ戦歴によって優越感を抱いている者が存在していることがわかります。一方、小学校教員志望学生の中で「体育が嫌い」という学生の多くは、少なからず体育の授業で劣等感を抱いた経験をもっています。その劣等感を抱き続けている学生のほとんどは、大学入学以降、必修体育以外で運動やスポーツと関わらない生活を送っているのも特徴的です。

現在、学校体育は、生涯体育・スポーツの一部だと捉えられています。しかし、先述の調査では、すべての学習者を対象とした体育において「生涯を通じて運動に親しむ」ためのベクトルが、むしろ弱められるケースが存在することを示唆しています。

教職に就く方の多くは、運動が「できる」上に情熱家でしょう。そのアツさが大きな感動を生むのは間違いありません。教員養成系大学の学生の中には運動部活動の顧問への憧れを抱いている者が多いのも頷けます。できるようにしてくれた恩師は尊敬の対象なのです。しかし、部活動と体育では、その対象が希望者かすべての子どもかという点で決定的に異なります。21世紀の体育は、すべての子どもを対象にした実践へと変革していかなければなりません。

残念ながら日本は現在、格差社会へと進んでしまっています。「子ども格差」という言葉まで生まれ、教育の世界においても家庭の格差が子どもの学力や体力、健康にまで影響することが明らかになってきています。

「格差社会ゆえに習熟度別に学習をすべきだ」という意見があります。しかし、筆者はできる子とできない子を分断して能力別に学ぶことを推奨しません。なぜなら、能力差（性差や障害の有無も含めて）がある中で、互いにケアし合いながら、私たちのスポーツ・運動を楽しみ合い、すべての人が健康に生活できるよう仕向けるのが、21世紀型の生涯スポーツ・運動の姿だからです。そのスポーツ・運動とのかかわり方、仲間とのかかわり方を学ぶのが21世紀型の学校体育の在り方だと考えています。

「子どもを鍛えないような体育をすると国際競争力が下がる」という意見を聞いたことがありますが、本当にそうでしょうか。オリンピックのメダリストが「体育のおかげで」という言葉を発したのを聞いたことがありますか。子どもの競技スポーツに関連する資質や能力を向上させるのは、クラブチームや部活動など体育以外の活動の場および指導者に委ねるべきです。

「体育をしっかりやらないと体力テストの平均値が下がる」という意見は高い頻度で耳にします。しかし、そもそも子どもたちは、学校や自治体の平均値を上げるために存在しているのでしょうか。今この本を読まれている方は、最近「反復横跳び」や「ソフトボール投げ」をしていますか。実際にご自身が第三者から、日常生活との関連がない体力を強制的に測定され、「うちの大学（や職場など）の名誉のために平均値を上げろ」といわれて動機は上がるのでしょうか。

個々人の身体能力を向上させることや効率的に技をできるようにさせることを教育方法の中心に据えれば据えるほど、体育という教科だけが21世紀型の教育方法から かけ離れていくことになってしまいます。「個人の身体能力の向上や効率的に技をできるようにさせる教育方法を中心に据えろなどとは学習指導要領に書かれていない」という専門家の意見もあるでしょう。確かに大学教授や文部科学省の教科調査官、教育委員会の指導主事が視察する授業ではありえません。一部の体育研究校の教師にとっても考えられないかもしれませんが、筆者の経験からも大学生の回顧的調査からも、20世紀型の伝統的な教育方法は、いまだに確実に学校現場の体育に根付いていると思われます。

20世紀型体育の問題は、できる子や勝者が優越感に浸っている裏で、劣等感に苛まれ、運動から逃避する子が存在しているという点だと考えられます。そのような「残念な」体育を、互いがケアし合う協働的な体育へと誘《いざな》うのが本書の二つめの目的です。

*

教科教育に関する教育方法を学ぶ難しさは、学び手が必ず小・中・高校時代に、その教科を教えられており、その体験によって暗黙のうちに教科に対する固定観念を抱いているという事実でしょう。中でも体育は、もっとも活動性が高く、できたときの感動も大きいのが特徴的です。反面、公開性の高さから、できなかった場合の無力感や気恥ずかしさは、ひときわ大きくなる可能性を有している点を、あらかじめ念頭に置いておく必要があります。

学生も含め大人の学び直しは、セーターの編み直しに似ています。編み方を習って編んだセーターは、一度ほどいて再度、相手や時代のトレンドに合わせて編み直さなければなりません。ほどいた毛糸には、クセがついており非常に編み直しにくくなっています。しかし、クセのついた毛糸は蒸気に当てると柔軟性を取り戻し、編み直しやすくなります。同様に、柔軟な思考をもつことで、新たな体育の在り方を学び直すことが可能になります。

本書が読者の体育観を再構築し、21世紀型の体育の在り方を探求する一助になれば幸いです。

梅澤　秋久

第Ⅱ部　学び合い——実践編

第Ⅰ部

学び合い——理論編

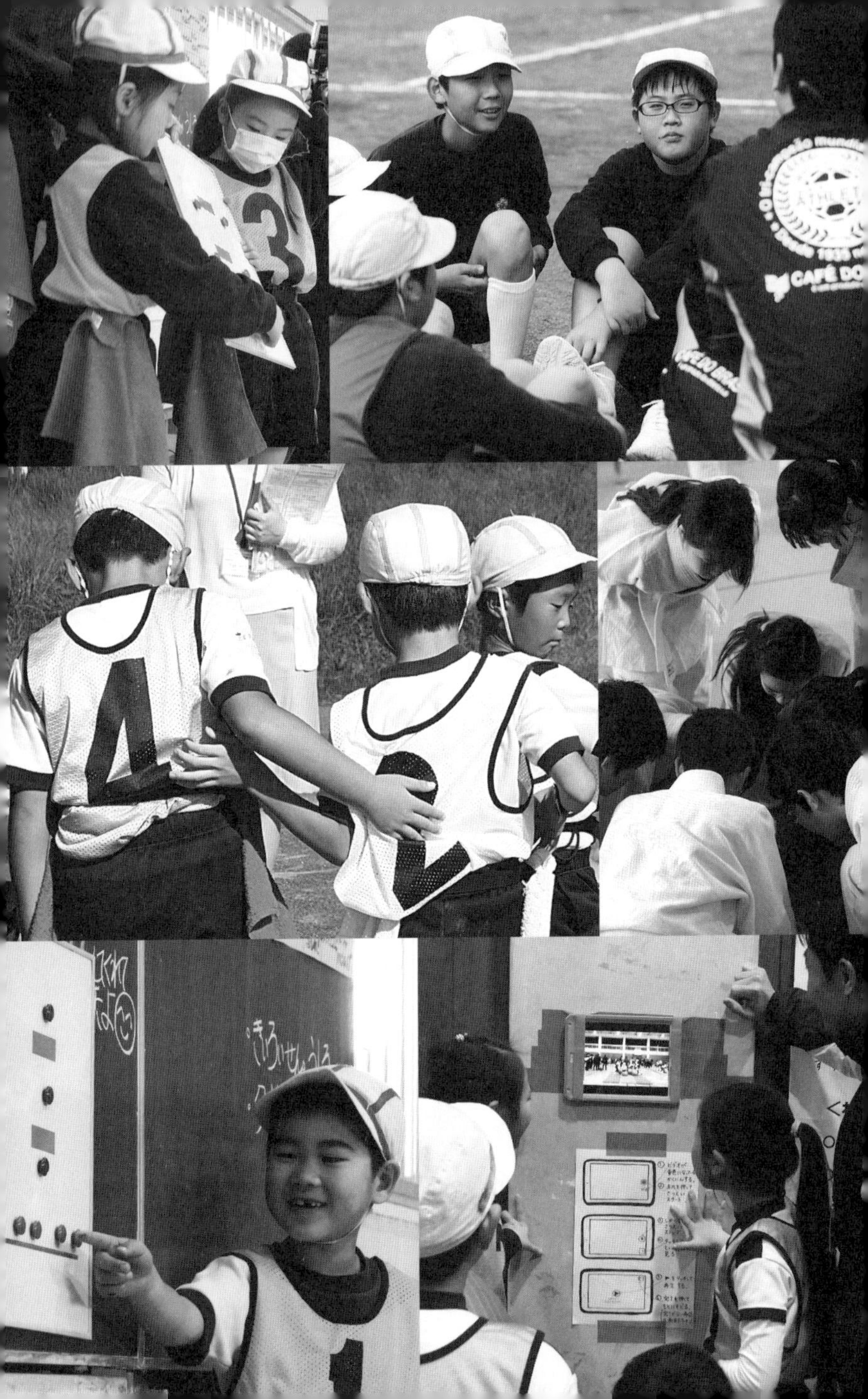

第1章 「教え」と「学び」の再検討

1●「学ぶ」ということ――「教え」と「学び」の対比を超えて

学び合いの在り方を検討していくにあたり、まずは「学び」について考えていきましょう。

教育という営みにおいては、「教え」よりも「学び」が重要であるという論理に疑いはないでしょう。教師が一生懸命に教えていたとしても、子どもたちが話を聞いていなかったり勝手に行動したりする授業では、学びが成立しているとはいえません。勝手の度合いによっては、いわゆる学級崩壊状態にもなり得ます。

一方、教師が一見教えていなくても、子どもたちが学びを遂行している授業も存在します。このような授業は、能動的な学びが成立している状況です。では、能動的な学びに「教え」は存在しないのでしょうか。

能動的な学びを誘発する授業でも「教え」は存在します。教師が教え込んでいないだけなのです。多くの場合は、先生が大切にしている「能動的に学ぶことが重要である」という思想を子どもたちが引き受けて体現しているのでしょう。それに加えて、「協働しつつ学ぶことも大切にする」という教師の哲学を、子どもたちが「からだ」（心と体を一体として捉えた身体性を以下、「からだ」とする）まるごとで受け止めた場合、能動的で協働的な学び＝アクティブ・ラーニング[*1]として成立するのだと考えられます（本書では「主体的・対話的で深い学び」をアクティブ・ラーニングと称します）。

つまり、いま求められている教師の「教え」は、能動的にかかわり合いながら学ぶための環境をデザインすることだといえます。先に述べた、教師が一見教えていないような学びの場面は、先生が仕掛けた教育方法に子どもたちがのっている姿が表れていたのだといえます。

学びの意義は、「学」の旧字体の「學」の成り立ちからも分かります。上部の中心の２つの「メ」は、それぞれ「交わり」を表しています。上部の「メ」は先人が創りだした学問や文化との交わりを、下部の「メ」は仲間同士の交わりを意味しています。「學」の字の上部両脇の「臼」は、２つの交わりを支援する大人の両手を意味しています。

学ぶためには、その文化（学習対象）や仲間と十分に交わり、その意義を認識している大人（教師）の支援（教え）が不可欠だといえます。

＊1――アクティブ・ラーニング（文部科学省、2015）
文部科学省によれば、「教員による一方向的な（講義形式の）教育とは異なり、学修者の能動的な学修への参加を取り入れた教授・学習法の総称」です。今後、アクティブ・ラーニングは、単なる教育方法の概念ではなく、次の3点での授業改善の視点となると考えられています。
①習得・活用・探究という学習プロセスの中で問題発見・解決を念頭に置いた「深い学びの過程」が実現できているかどうか。
②他者との協働や外界との相互作用を通じて、自らの考えを広げ深める「対話的な学びの過程」が実現できているかどうか。
③子どもたちが見通しを持って粘り強く取り組み、自らの学習活動を振り返って次につなげる「主体的な学びの過程」が実現できているかどうか。

2 教育という営み――「対話（問いかけ）」と「教え」

educationを「教育」と訳したのは、江戸時代末期の蕃書調所《ばんしょしらべしょ》という外国文献の収集・研究・翻訳をしていた役所の役人である箕作麟祥《みつくりりんしょう》だといわれています。しかし、educationの語源は、ラテン語のedu-cate（引き出す）やedu-care（ケアする）であり、もともと「教える」という意味はなかったと考えられています。元日本教育学会会長（東京大学名誉教授）の太田堯氏は、映画「かすかな光へ」の中で、「教育は『教える』行為から始まり、それを通じて『育てる』と捉えられがちであるが、educationの原意からいえば『育教』の方が近い」と述べています。

教育は、その時代の社会的要請によって目的や方法を変えていくものです。歴史上、もっとも古い教師は、東洋の孔子と西洋のソクラテスでしょう。彼らは人類の教師と称され、いずれもいまから2500年ほど前に地球上に誕生しています。二人は、①弟子との対話を重視していたこと、②自身では書物を残さず、③その功績は弟子たちが後世に残しているという点で共通しています。学ぶ対象と真剣に向き合い、問いかけることで育ちを促す教育方法は、学び手（弟子）に非常に大きなインパクトを与えるという事実をいまに伝えてくれています。

しかし、教える内容が規定されている学校教育では対話的問答だけでは済みません。では、どのような「教え」が必要になるのでしょうか。

3●体育における「教え」の変化

求められる体育の「教え」を考えるにあたり、まずこれまでの体育の変遷の概要を確認しておきましょう。

日本に限らず世界中の体育は、富国強兵、特に軍事力の増強のために利用された歴史を有しています。明治時代の日本は「規律・秩序・従順を教える尚武の体育」（神１９８４）として国民体育を徹底しました。特に明治19年（１８８６年）の中学校令の公布以降は、体操科（現在の体育）が正科となり、普通体操と兵式体操が並列されることになりました。「兵式」を教える教科特性上、体育教師は軍人が登用されやすい政策がとられることになります。

なお、「はじめに」で述べた筆者の大学講義内の体育に関する調査において、体育を「嫌い」と回答する学生の多くは、体育教師のもつ「命令口調」「威圧的態度」「怒鳴り声」「規律訓練的な立ち振る舞い」などに嫌悪感を抱いています。このような「軍人的体育教師像」（坂本２０１３）は、百数十年前から続く、負の遺産なのかもしれません。

大正時代は、「大正自由教育」と呼ばれる自由主義の教育方法が採用されます。奈良女子高等師範学校附属小学校などでは、朝会の自由運動などが推奨されました。

しかし、昭和に入り「ラジオ体操」（昭和３年、１９２８年）の導入以降、自由運動は徐々に姿を消し、「保健体操」が朝会でも体操科においても広く実践されるようになっていきます。つまり、富国のための画一的な身体形成に揺り戻され、さらに、日中戦争が勃発した昭和12年（１９３７年）以降は、自由主義的な運動は完全に清算され、体操科は体錬科と名称も変更されます。残念なことに太平洋戦争終結までの教育や体育は、軍事力の増強と従順な身体の形成のために使われたといっても過言ではなくなってしまうのです。

このような多様性を認めない教え込みは、民主主義社会では許されないことです。戦後はGHQの指導により、子ども中心主義による教育の民主化が進みます。「新体育」と呼ばれた戦後の体育は、戦争中までの上意下達から180度の方向転換を図り、子どもの現実の生活を踏まえた上で構築されました。子どもが体育を好きになれば、生活の中に体育が浸透していくだろうと考えられたのです。この時期は、経験主義的な学習が大切にされますが、学習内容が不問にされ、見える学力が身につかない「這い回る経験主義」と揶揄されることもありました。

1950年代後半以降は、教育の科学化が標榜されました（後述）。親学問に向けて教科内容が体系化され、効率的に「できる」ようにさせることが教育の中心となります。高度経済成長期において、明るい未来に向けての勉強は誰にとっても疑いのないことでした。教師がスモールステップ（段階）を準備して全員をできるようにさせるといったプログラム的な学習[*2]に依拠した教育方法が採用されました。なお、本書では、1950年代後半以降の「知識・技能」といった見える学力を効率的に伝達する教育方法を「20世紀型の伝統的な教育方法」と呼ぶこととします。同時に、この高度経済成長期の学校は体力向上を強いていた時期でもあります。東京オリンピック開催年である1964年にはスポーツテストが国民の体力調査を目的として開始されました。1968年の学習指導要領では「体力の向上」を「学校の教育活動全体を通じて適切に行なう」とされ、休み時間を使った、いわゆる「業間体育」が日本全国に蔓延します。

高度経済成長後の脱工業化社会へのシフトが図られた（＝生涯学習社会となった）１９７０年代の学習指導要領は「ゆとりある充実した学校生活」を目指した改訂がなされます（「ゆとり世代」と若者を揶揄する１９６０年代後半以降生まれが実は学習指導要領上の「ゆとり一期生」なのです）。しかしながら、「生涯スポーツを志向する体育」への舵きりとはいえ、評定には相対評価が用いられていたため数値化できる技術の測定が評価の中心であり、共に学ぶ仲間は「受験戦争」における競争相手であるという構図は変わりませんでした。

また、１９７０年代生まれを第二次ベビーブーム世代と呼ぶように、子どもの多さから大量生産的な「20世紀型の伝統的な教育方法」を施さざるを得なかったと考えられます。事実、１９７１年生まれの筆者は80年代に中学時代を過ごしますが、そこで業間体育を経験しています。つまり、70年代以降の体育は、広義の教育や社会システムの不具合から、生涯学習社会型の教育方法への十分な変革がなされなかったと考えられます。

ともあれ、結果的に60年代までと大きく違わない教育方法を用いているにもかかわらず、子どもたちは、勉強や業間体育は「させられる」ものと感じるようになりました。なぜでしょうか。それは、教育学者のパウロ・フレイレが主張する「教育の預金概念」で説明がつきます。すなわち、知識や技

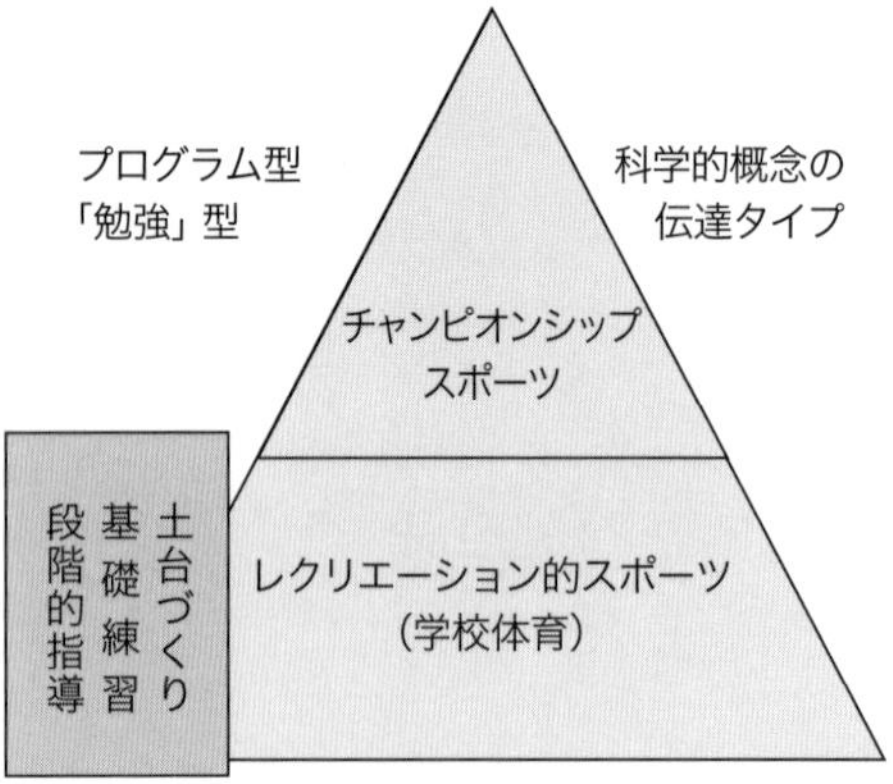

(荒井、2003の図を筆者が改変)

図1-1　富士山型スポーツモデル

能を「いつか役立つ」という考えで貯金をするように獲得させる教育方法の限界だといえます。体育でいえば、技術や体力を獲得させ、それを将来の基礎とする「富士山型スポーツモデル」(図1-1)という考え方では、すべての子どもたちにとって「自身の将来のためになりそうだ」という学ぶ意義が感じられなくなったのだと考えられます。

体育における生涯学習社会型の教育方法の実質的な広がりは1990年代に入る頃になると考えられます。「楽しい体育」の具体的な方法として「めあて学習[*3]」が推進されるようになった点です。それまでの規律訓練的な体育を批判し、学習者個々のめあてを達成させる学び方が特徴的な教育方法です。文部省(1991)によって指導指針が出された「スパイラル型」と「ステージ型」のめあて学習でしたが、その後、形骸化と技能保証に対する批判から徐々に衰退していきます。
ここまでの概観でお気づきでしょう。教育や体育の内容・方法は、「系統主義の伝統的な教え込み」型と「経験主義の子ども主体」型の両極を振り子のように行ったり来たりしていたのです。

＊2――プログラム的な学習

20世紀中盤は、知識や技能など目に見える客観的な行動目標を掲げ、その到達を目指すといった行動主義的心理学による学習理論が全盛になります。

行動主義的な学習理論で有名なものが、アメリカの心理学者スキナーが提唱したプログラム学習です。プログラム学習は、①達成しやすい小刻みな目標＝スモールステップを設定し、②即時的フィードバック（学習者の行動結果に即座に調整や指導）を加え、③学習者に適したペースで学習を進めることを推奨しています。また、それらを通じて、④学習者の積極的反応の喚起（やる気の維持）につなげる教育方法です。

同様に有名なのは、ブルームによる完全習得学習でしょう。ほとんどの学習者に行動目標を達成させるのを主眼においた教育方法だといえます。具体的には、診断的評価（単元はじめの評価）によって学習者の状況を理解し、形成的評価（単元なかの評価）の学習状況から、教師は自身の指導自体を振り返り、より良い指導に改善していくことで、総括的評価（単元まとめの評価）での学習者の行動目標の到達を保証するという方法です。

＊3――めあて学習

めあて学習は、「課題解決的な学習指導法」の体育科での固有の名称として運動領域全般の学習の進め方を示しており、「学習者の自発性の重視」と「めあての自己決定の重視」の特徴をもっています。具体的には、各運動領域において、次の3つのめあての中身をもち、学習者が自ら考えたり工夫したりしながら活動を進めていくことが求められています（池田2008）。
(1)目標を設定する。(例)自分ができるようになりたい技を見つける。
(2)課題を解決する。(例)その技ができるようになるために解決する課題を選ぶ。
(3)活動を決定する。(例)その課題を解決するための活動の仕方を決める。

4 20世紀型の伝統的な教育方法の限界

二十数万年前に誕生したとされるヒト（ホモ・サピエンス）が文明を築けるようになったのはわずか数千年前です。さらにその後、何千年にもわたり簡易な道具による生活が続きますが、産業革命後、特に20世紀の百年間で人類の生活は激変しました。大陸間を簡便に移動できるようになり、あらゆるものが大量生産され、自動化され、スイッチ一つでさまざまなコトを行えるようになりました。まさに20世紀は科学の世紀だといえます。

教育界にインパクトを与えた科学的事象は、1957年の旧ソビエト連邦による人類初の人工衛星スプートニクの打ち上げ成功でしょう。それは、第二次世界大戦終結後の東西冷戦状態において、アメリカを始めとする西側諸国に多大な危機感（スプートニク・ショック）を与えました。スイッチ一つでできることは地球外へも到達し、さらに大陸を超えたにらみ合いに新たな一手を加えられる可能性が高まったのです。この事実は世界各国に科学技術の早急な発展を促すきっかけになったと考えられます。

以降、教育の科学化が世界的に推進されることになります。子どもは客観的で系統的な知識や技能といった見える学力を、効率的に刷り込まれる対象とされます。テーラー・システムと呼ばれる前期の行動主義心理学に基づく学習では、学校は工場、校長は工場長、教師は作業員とされ、原料である新入生は、学校でのアセンブリ・ライン（流れ作業）を通じて、製品としての卒業生となります。効率的に一律の行動目標を獲得するための教育は、大量生産という科学の冷たさを秘めているといえます。

体育の「教え」においても、どうすればできるようにさせられるのか、身体能力を上げられるのかが科学的に検討されるようになります。それが先述したスキナーのプログラム学習やブルームの完全習得学習を拠りどころにした教育方法です。これら後期の行動主義心理学に基づく学習観においては、「全員をできるようにさせる」という視点やスモールステップで「学習者の意欲を維持しようとする」といった点は教育的だと考えられます。しかし、「客観的な行動目標に到達させる」「客観的な知識や技能を獲得させる」という教育方法では、学習者を知識や技能を注入する「器」と捉えてしまう科学の冷たさは払拭しきれないと考えられます。

教育課程審議会（1997年、第17回）の議事録によれば、ある女性委員は、体育で逆上がりができずに何十回も練習をさせられた過去を「情けない」経験と話し、娘が（縄跳びの）「はやぶさ」の目標回数を達成できない状況から（人生の中で）「何回できればいいというものではない」と非難しています。

この事実は、とうに生涯学習社会に突入していた１９９０年代においても、日本の学校現場では親世代の頃と等しい「共通の目標に基づき、技能を獲得させる」20世紀型の伝統的な教育方法が採用されていたことを教えてくれます。

私たちは「教科で決められた技能を獲得させる」ことを重視した教育の在り方が、学習者のライフスタイルからみて真正さを欠くものと感じられていることを学ばなければなりません。学ぶ意義が感じられないという状況は、学びからの逃走を生む元凶となりかねないのです。

「勉強」のもともとの意味は、「無理があること」「無理をさせること」です。生涯学習社会においてプログラム型の教育方法を用いることは、勉強の原意に立ち返ってしまうという皮肉な現象を生んでいるのです。

5 生涯学習社会における学校体育の錯綜

21世紀を控え、未曾有の不況下におかれた日本は、成長社会から成熟社会への転換に苦しんだ「失われた20年」を過ごすことになります。新たな時代のキーワードは、①量から質への転換であり、②競争から協働への転換です。筆者は90年代から現在までを「学校体育における失われた20年」でもあると考えています。すなわち、生涯学習社会への転換を求められつつも、運動する子としない子の二極化など運動格差の拡大を生み、さらには悉皆化された体力テストの公表が競争原理を生み、数値的な「体力向上」を目的とした学校体育の再燃という混沌とした状況が続いているからです。

筆者は、そのような教育・体育の錯綜や混乱自体に気づけていない教師も少なからずいらっしゃるのではないかと考えています。その理由は、教員養成学部の学生を対象とした授業内のアンケート調査で見えてくる時代錯誤の体育実態の多さからです。

先の教育課程審議会委員の娘さんの担任（体育）教師は、めあて学習から20世紀型の伝統的な教育方法に戻したのでしょうか。それとも、めあて学習の存在を知らず、20世紀型の伝統的な教育方法を継続していたのでしょうか。いずれにせよ、運動自体の面白さを味わわせることができず、運動からの逃避を生みかねない実践であったといえるでしょう。

いまは生涯を通じてすべての国民が学び続けるための視点から今後の体育の方向性を再度検討していく必要があると考えられます。そのためにはまず、読者の皆様の体育経験を整理しておく必要があるでしょう。なぜなら、「残念な」体育実践は、その再生産が行われやすいからです。

読者の小学校時代の体育の「教え」では何が大切にされていましたか。①先生の命令を聞くこと、②自主的・能動的な運動、③体力の向上、④技能の向上、⑤仲間との協働、⑥運動自体の楽しさを味わうこと、⑦先生の思いが感じられないただの放任、⑧その他などで分類してみてください。同様に、中学校や高等学校の保健体育では、何を大切にした教育がなされていましたか。

これら当時の恩師が大切にしていた教育哲学を一つに絞ることは難しいと思われます。円グラフや帯状グラフ（100%を基準としたグラフ）の中に恩師の体育観をメタ認知してみるのは自由です。一人の学び手として感じていたのは事実ですから。振り返ってみた「学び」と「教え」の姿には、教師の体育への思想や哲学が隠れているはずです。ご自身の身体に沁み込んでいる体育経験を本章で洗い出してみましょう。

〈引用・参考文献〉

◎荒井貞光（2003）クラブ文化が人を育てる、大修館書店.
◎池田延行（2008）学習指導要領に見る体育科の変遷と今後の課題、体育・スポーツ科学研究、国士舘大学体育・スポーツ科学学会8、1-6頁.
◎神文雄（1984）体育教師像について—明治期の教科体育を中心として—、長崎大学教養部紀要、人文科学篇25（1）、111-130頁.
◎文部科学省（2015）教育課程企画特別部会における論点整理について（報告）.

◎文部省（1991）小学校体育指導資料 指導計画の作成と学習指導.
◎坂本拓弥（2013）「体育教師らしさ」を担う身体文化の形成過程：体育教師の身体論序説、体育学研究58、505-521頁.
◎佐藤学（2000）「学び」から逃走する子どもたち、岩波書店.
◎佐藤学（2010）教育の方法、左右社.
◎齋藤孝（2011）人はなぜ学ばなければならないのか、実業之日本社.
◎汐見稔幸ほか編著（2011）よくわかる教育原理、ミネルヴァ書房.

第2章 学力観の転換とアカウンタビリティ

生涯学習社会である21世紀は知識基盤社会でもあり、同時に教育においてアカウンタビリティ（＝説明責任）を果たさなければならない社会になってきました。そのような複合的な課題を抱えた社会状況において、どのような「学び」と「教え」が求められているのでしょうか。

本章では、知識基盤社会において求められる「学び」と「教え」をアカウンタビリティの視点から考察していきましょう。

1 知識基盤社会とキーコンピテンシー

知識基盤社会とは「新しい知識・情報・技術が社会のあらゆる領域での活動の基盤として飛躍的に重要性を増す社会」のことです。

「米国で2011年度に小学校に入学した子どもの65％は、大学卒業時に、今は存在していない職につくであろう」(Cathy, 2011) といわれています。これは同じ先進国の日本でも同様です。むしろ、資源に乏しく、高度経済成長期以降、加工貿易に依存してきた日本の産業は、現在、人件費の低い海外へと工場移転を余儀なくされています。また、グローバル化の進展によって海外企業との競争を余儀なくされ、国内の大手企業同士の合併が相次いでいます。さらに、近年では、国内大手メーカーの一部が中国や台湾といった日本を目標としてきた国や地域の企業に買収されています。加えて、ＡＩ（人工知能）の進歩によって、人間が行っていた単純作業だけでなく、情報予測や画像・音声等の「識別」、ニーズや数値等の「予測」に関する労働までも、遠くない将来、機械に取って代わられるでしょう。日本は、先進国の中でもっとも大きな変化を遂げなければならない国の一つだと考えられます。

これらの事実を教育に置き換えると、単に既存の知識や技能を獲得させる「20世紀型の伝統的な教育方法」だけでは、変化の激しい現代の社会状況に応じた資質・能力を育めないと考えられます。いまは、新しい知識・技術・情報をあらゆる活動の基盤とする、すなわち「活用する能力＝リテラシー」

表2-1　キー・コンピテンシーの3つのカテゴリー

カテゴリー1：相互作用的に道具を用いる
1-A　言語、シンボル、テキストを相互作用的に用いる能力（ability）
1-B　知識や情報を相互作用的に用いる能力
1-C　テクノロジーを相互作用的に用いる能力
カテゴリー2：異質なグループにおいて、相互にかかわり合う（interacting）
2-A　他者と良い関係をつくる能力
2-B　協同する能力
2-C　葛藤（conflicts）を調整し、解決する能力
カテゴリー3：自律的に行動する
3-A　大きな展望（big picture）の中で行動する能力
3-B　ライフ・プランや個人的なプロジェクトを設計・実行する能力
3-C　権利、利害、限界、ニーズを主張する能力

（出典）OECD: "The Definition and Selection of Key Competencies: Executive Summary", 2005. pp. 10–15.

の育成が重要なのです。また、個人の能力では対応しきれない大きな社会変化ゆえに「さまざまな仲間と協働して取り組む能力」も強く求められるようになっています。国際学力調査のPISA2015では協働型問題解決能力[*1]の調査を実施したほどです。さらに、「自律的に行動できる能力」も必要不可欠です。これらの主要能力をキーコンピテンシーと呼びます（表2-1）。

「キーコンピテンシーは3つのカテゴリーが独立したものではなく、相互に関連性をもちながら形成を図られるべきもの」（松下2010）です。ゆえに、かかわり合いながら学ぶこと、つまり「学び合い」によって現代的学力を育成することが求められるのです。

キーコンピテンシーにおいては、健康や体力などスポーツや体育に直接的に関連する能力は存在しません。しかし、キーコンピテンシーを定義する上での「人生設計の主要因」として、「健康状態と安全、自覚的・他覚的健康」および「余暇と文化活動・余暇活動への参加」が挙げられています。また、日本の「生きる力」には「たくましく生きるための健康や体力」という項目があります。これらは体育の存在意義を維持する重要なものです。一方、それらは、競技関連体力をすべての子どもに求めていないことも示唆しています。

＊1――協働型問題解決能力
2人以上が、解に迫るために必要な理解と努力を共有し、解に至るために必要な知識とスキル、労力を出し合うことによって問題を解決しようと試みるプロセスに、効果的に従事できる能力だとされています。

2 日本の子どもの真の体力問題

読者は、狩猟採集民族の子どもと日本の子どもでは、どちらの体力が高いと思いますか。

正解は、日本の子どもです。図2-1は、狩猟採集民族であるパラグアイのアチェ族と日本の子どもとの50m走および握力の比較を表しています。採集を担う女子の握力以外は、すべて日本の子どもの方が優れています。多くの読者は狩猟採集民族の子どもの方が、体力が高いとお考えではなかったでしょうか。

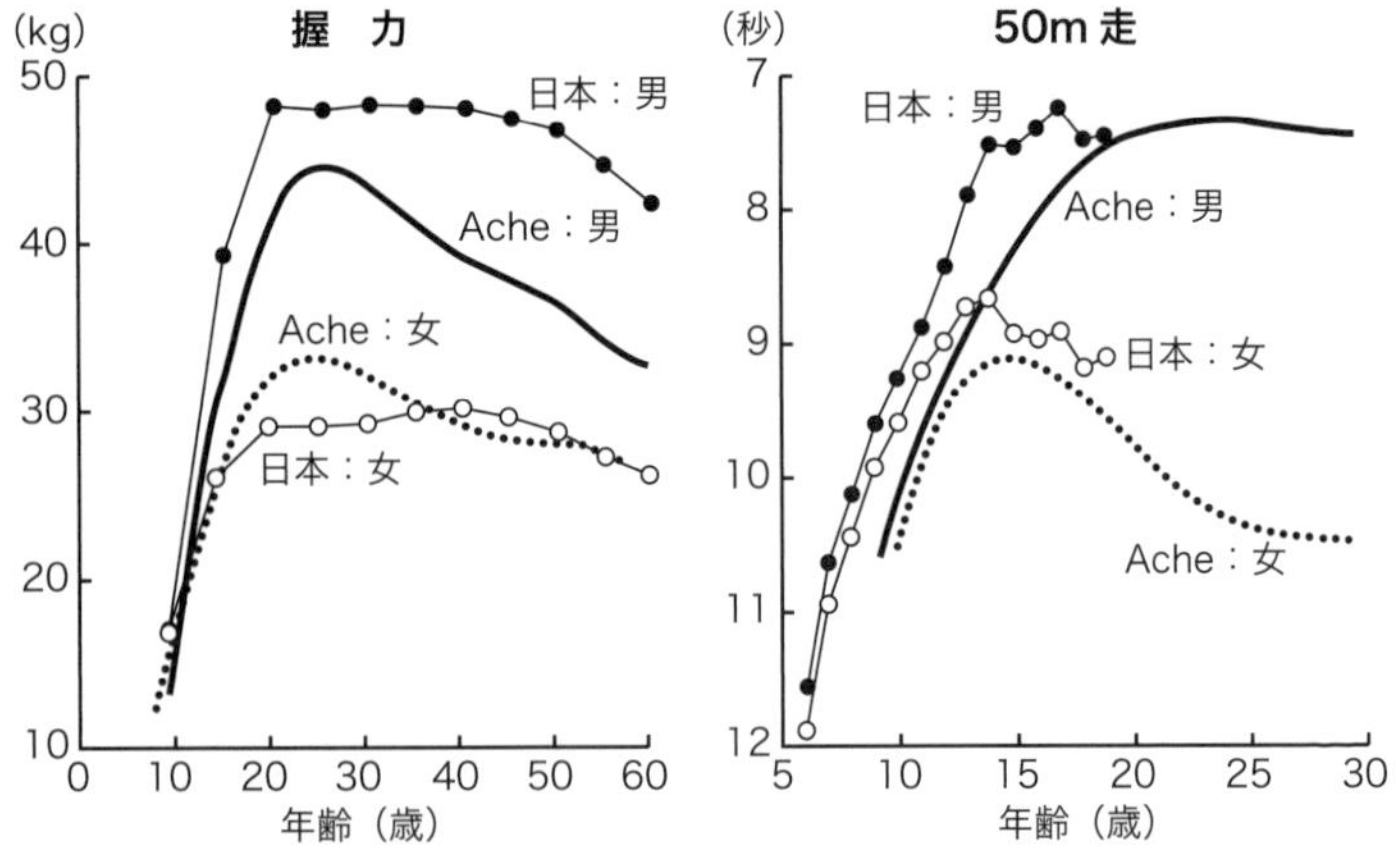

（伊藤ほか、2011）

図2-1　狩猟採集民族（Ache族）と日本人の握力と50m走の年齢推移

では、東京の中学生は、アジアの大都市（香港・ソウル・上海・台北・バンコク・クアラルンプール・シンガポール・東京の8都市）の中でシャトルランの平均値は何位でしょうか。

正解は1位です（図2-2）。男子、女子共にずば抜けて高い平均値となっています。このようなポジティブな情報は、メディアはあまり取り上げないように思えます。「子どもの体力低下（親世代と比べて）」というネガティブな新聞記事は、数年前まで体育の日の恒例になっていました。

国際比較結果だけでなく、いまの子どもに目を向けてみましょう。現在サッカークラブでプレイをしている子は（親世代の頃には存在しない）多様なフェイントを使い、FCバルセロナやレアルマドリードといった世界のトップクラ

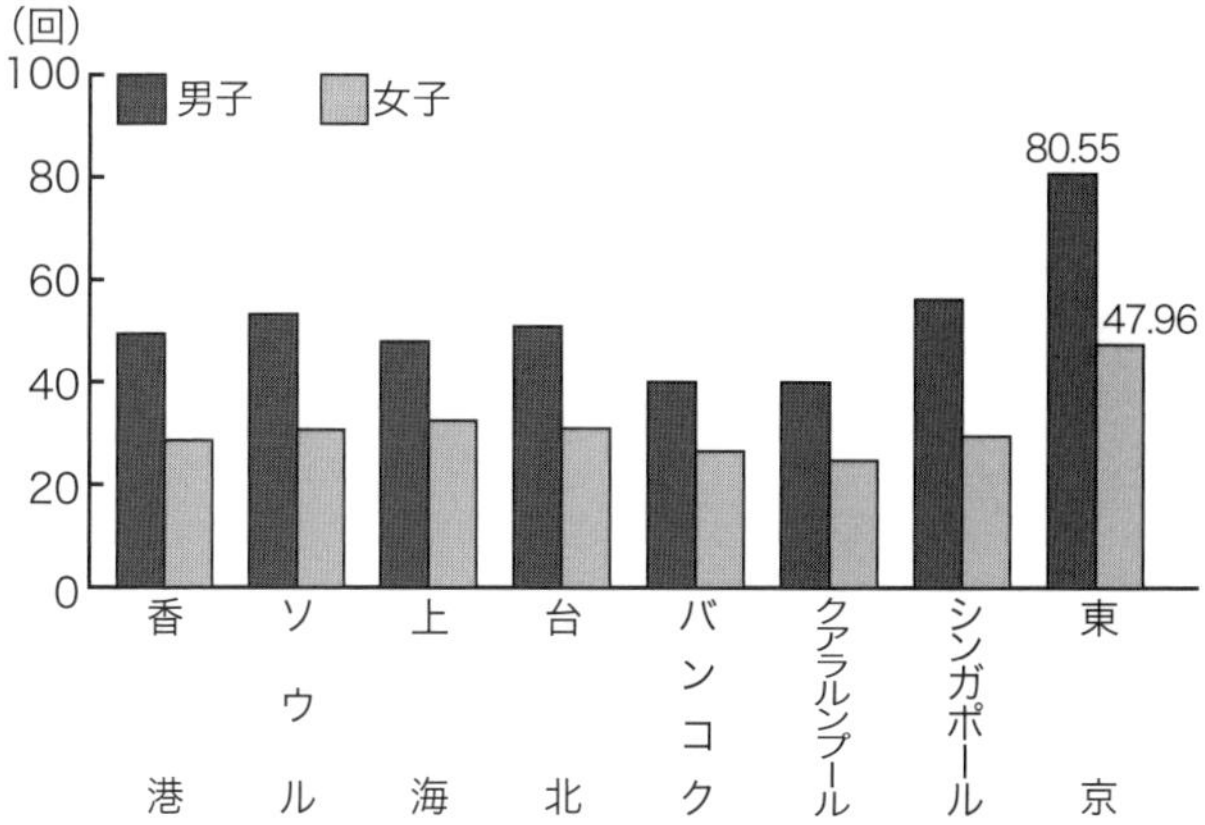

（鈴木、2015）

図2-2　アジアの中学生（14歳）のシャトルランの比較

ブの下部組織に入団できるレベルの子まで存在するようになりました。ソチ冬季五輪でもリオ夏季五輪でも「生徒」がメダルを獲得しており、卓球でもフィギュアスケートでも中高生のアスリートが世界のシニアの（ジュニア世代ではない）大会で入賞しています。どの競技を見渡しても親世代の大会記録はほとんど残っていません。現代っ子のトップレベルは親世代を凌駕しているといっても過言ではないでしょう。

にもかかわらず平均値が下がっている理由は、運動をしない低水準層の子が増加しているからにほかなりません。問題は、運動する子としない子の格差であり、女子中高生に認められはじめた体力格差なのです。

そして、体育にかかわるもっとも大きな社会問題は、運動をしないことに起因する生活習慣病の増加です。狩猟採集民族には、生活習慣病を患っている子どもはいないでしょう。しかし、いまの日本の運動しない子たちの一部は、すでに生活習慣病の予備軍になっています。

3 教育的アカウンタビリティの誤解

アカウンタビリティは、日本語では「説明責任」と訳されます。しかし、現在のアカウンタビリティの解釈の多くは「結果責任」とすり替えられています。その理由として、競争主義と成果主義が導入されはじめていることが挙げられます。教育においては、学力テストの悉皆・公表化、学校評価、教職員人事考課など成果主義にかかわる制度が浸透しました。体育においては、体力テストが悉皆・公表化されたことで、その数値や他の自治体との相対的なランキングに一喜一憂（怒）する首長や学校長が存在します。

これでは、教師が、これまで以上に目に見える成果への効率的な追求に奔走しかねません。第1章で述べた通り、子どもが学ぶ意義を感じられない状況では「やらされ意識の強い勉強」となり、「学びからの逃走」につながります。

ＩＬＯ（国際労働機関）で「専門職」とされる教師は、数値評価の公表に踊らされてはなりません。目の前の子どもたちが、夢中になり没頭するといった「学ぶ意味」を感じられるようにしつつ、結果的に求められる資質や能力を育むべきだと筆者は考えます。加えて、学校教育におけるステイクホルダー（利害関係者）である子どもや保護者に、いま体育で求められている資質や能力を説明し、その上で学習状況における合意形成を図ることが専門職としてのアカウンタビリティといえます（梅澤2015）。

その際、量的な結果を質的な経過の一部と捉える、教育的な説明が重要だと筆者は考えます。なぜなら、数字で表せる結果は、発展途上中の子どもの人生からすれば、単なる経過にすぎないからです。特に体育に関連する身体能力は、第二次性徴の影響を大きく受けます。そのような状況下において重要なアカウンタビリティは、数値で表せる結果説明よりもむしろ、①その数値を子どもがどう活用しているかという主体的な学びの過程や、②数値化しにくい深い学びの様相、③仲間との協働の過程をいかに子ども本人および保護者などステイクホルダーと共有するかだと考えられます。共有の方法は、学びの履歴を蓄積できるポートフォリオなどが望ましいでしょう（梅澤2007）。

4 知識基盤社会における資質・能力と教育方法

知識基盤社会においては、学校内で完結しない力、言い換えれば生涯を通じて学び続けるための資質や能力が、すべての学び手に求められています。体育では「生涯を通じて明るく健康に生活できる

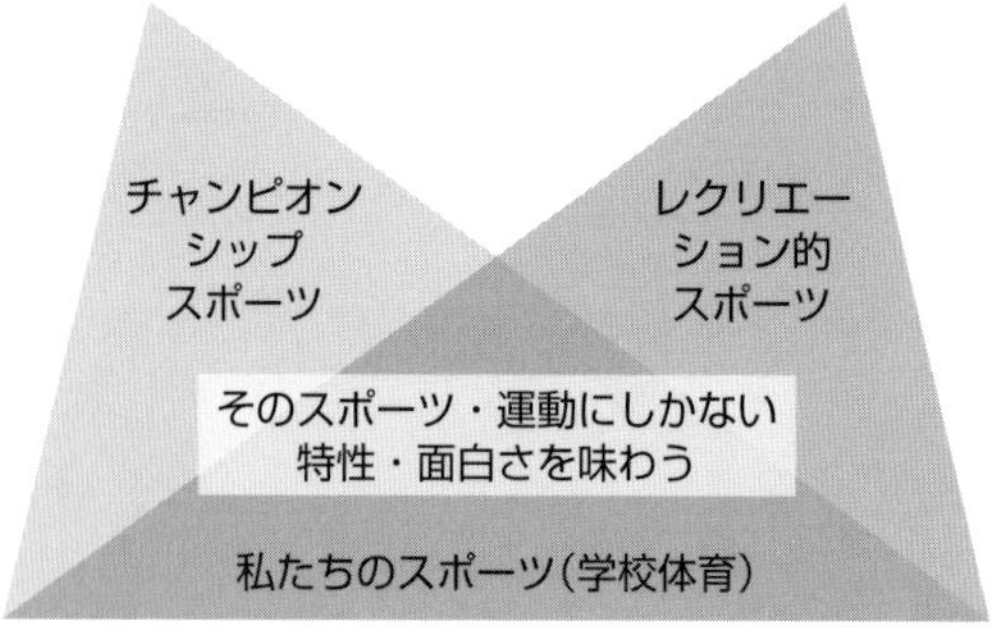

（荒井、2003の図を筆者が改変）

図2-3　連峰型スポーツモデル

資質や能力」が求められます。健康関連の資質・能力（健康のために学ぶ意義を感じられるからだ、健康リテラシー、健康関連体力）を育み続けられる学びをつくることが求められているのです。

では、競技関連の資質・能力は不要なのでしょうか。いいえ、そうではありません。将来の夢が、Ｊリーガーやプロ野球選手という子どもは依然多いです。ゆえに、将来のために競技関連の資質・能力の向上を目指している子どもも学級には存在します。そのような異質な他者同士が、かかわり合いながら学ぶことが、現代の体育には求められているのです。図２-３に示す通り、チャンピオンシップスポーツ（競技志向）とレクリエーション的スポーツ（健康志向）の連峰のいずれにも向かう重なりの部分が学校体育だと考えられます。

チャンピオンシップスポーツ、レクリエーション的スポーツ、学校体育のすべてに共通しているのは、そのスポー

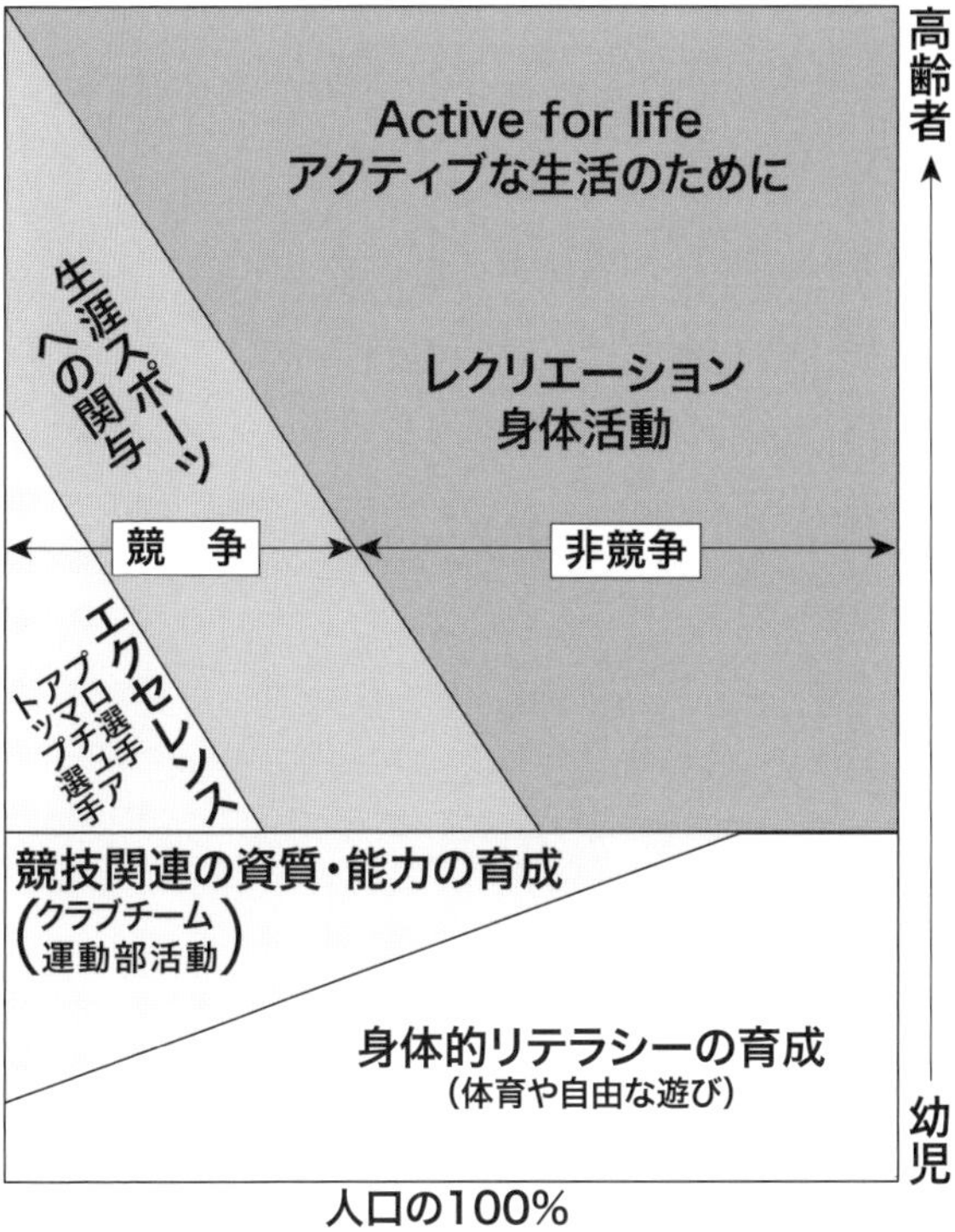

（R. Schepper (2013) Promoting Physical Literacy as a Way to Get People Moving. を参考に筆者が作成）

図2-4　身体的リテラシーと競争および身体活動の関係

ツ・運動の特性、すなわちスポーツや運動がもつ面白さを十分に味わうのが重要だという点です。

ここで生まれる問いは、連峰型スポーツモデルにおけるいずれの峰にも向かわない層（＝スポーツに親しまない層）の人間は、生涯を通じて不健康というレッテルが貼られるのかという点です。そのようなことはありません。近年、登山やウォーキング、ヨガといった非競争的な身体活動がブームとなっています。

図2‐4に示す通り、競争を目的としたスポーツへの関与は人口の大部分ではありません。むしろ非競争的な身体活動従事者の方が大部分を占めるはずです。公教育における体育では、生涯を通じて健康でアクティブ（活動的）に生活するための身体的リテラシー[*2]の育成が求められるようになってきている点を念頭に置く必要があるといえるでしょう。もちろん、将来プロのスポーツ選手やオリンピック出場を目指している子どもたちは、競技関連の資質・能力を磨いていく必要もあります。しかし、体育は全ての子どもを対象にしており、汎用的能力としての身体的リテラシーを身につけさせることがますます重視されていくと考えられます。

＊2――身体的リテラシー
生活の中で適切な身体活動を維持するための動機、自信、身体能力、理解、知識（International Physical Literacy Association, 2015）であり、身体の総合的な活用能力だといえます。

〈引用・参考文献〉

◎荒井貞光（２００３）クラブ文化が人を育てる―学校・地域を再生するスポーツクラブ論―、大修館書店．
◎Cathy Davidson (2011) New York Times, 2011.8.
◎伊藤静夫・森丘保典・青野博（２０１１）子どもの運動能力の年代比較、体育の科学61（３）．
◎松下佳代編著（２０１０）〈新しい能力〉は教育を変えるか―学力・リテラシー・コンピテンシー―、ミネルヴァ書房．
◎OECD (2005) The Definition and Selection of Key Competencies: Executive Summary. pp. 10-15.
◎佐藤学・勝野正章（２０１３）安倍政権で教育はどう変わるのか、岩波ブックレット．
◎志水宏吉（２０１２）検証　大阪の教育改革―いま、何が起こっているのか、岩波ブックレット．
◎鈴木宏哉（２０１５）日本における組織的スポーツ活動が果たす役割の特異性―The Asia-Fit Studyによる国際比較データから―、日本運動疫学会口頭発表．
◎梅澤秋久（２００７）保護者への学習状況説明に及ぼすポートフォリオの影響、体育科教育学研究23（２）、１‐14頁．
◎梅澤秋久（２０１５）教師の専門職的アカウンタビリティに関する研究―小学校の体育授業における保護者との合意形成に向けた連携に着目して―、日本教育工学会論文誌39（３）、１９１‐２００頁．

第3章 運動の特性を味わわせるための教育方法

本章では、いまの社会に応じた「教え」を、「運動の特性を味わわせる」という視点から考えていきましょう。

1 「伝達的な教え」からの脱却

高橋（2013）は、知識や技能を伝達する「20世紀型の伝統的な教育方法」による教員を、単なる「知識の配達人」としています。また、いまの教師に求められるのは「子どもたちが飛びつきたくなる品物（教材）を準備し」、「子どもたちが能動的に品物を広げ、それを手がかりにもっとたくさんの魅力的な品物を自分の手で創りだすことができる力を育むこと」だとしています。

教えることが「既存の知識や技能を伝達すること」だと信じている教師の授業におけるゴールは、学校という社会から出ることはありません。「なぜ将来（大人は）やらない『逆上がり』や『はやぶさ』をやらなければならないの？」という問いに、その先生は何と答えるのでしょうか。「学習指導要領に書かれているから」「努力することに価値がある」などと答える先生もいらっしゃるでしょう。そのような教師のもとで、運動ができない子は、成績・内申書のために、まさに「勉強」し続けることになるのです。

「自学自習」という美辞麗句もあります。もしそれがもっとも素晴らしい教育方法であるならば、スーパーティーチャーの説明ビデオを全国に配布し、その講話を聞いた後はすべて自学自習という形式で画一化を図ることが可能です。しかし、すべての良心的な教師は、それに違和感を感じるでしょう。度がすぎれば、ただの放任的な授業に陥ります。ビデオを見せるだけの仕事をする人を専門職とは到底呼べません。

35人の学級であれば、教師は35通りの《いま―ここ―わたし》を見とり、各々が新たな《わたし》をつくり、同時により良い《わたしたち》をつくるための支援を行うことが、学校教育の本質であり醍醐味です。旧字体の「學」の「臼」のような文化や仲間との対話の支援が専門職としての教師行動です。

つまり、いま求められる教師の「教え」（教育方法）でまず必要なのは、①能動性・自律性（主体的に学ぶ）、②協働性（仲間と対話的に学ぶ）、③創造性（新たな世界を広げる、深く学ぶ）を発揮させる授業（単元）デザインだといえます。

2●アクティブ・ラーニングにおける学習と指導と評価の一体化

第1章で述べた通り、アクティブ・ラーニングは不断の授業改善の視点となっていくと考えられています。右で述べた①〜③の授業デザインの視点は、まさにアクティブ・ラーニングに向けた授業改善の具体的指標です。そのため、各授業場面での教育方法は、①主体的に学んでいるか、②仲間と対話的に学んでいるか、③学習対象（スポーツ・運動）を深く学んでいるかという「学び合い」の状況の見とりと、その「学び合い」を促進させるはたらきかけとなります。

授業後にも、①〜③のアクティブ・ラーニング（すなわち「学び合い」）の状況を振り返り、新たな専門職としてのはたらきかけを再構築していかなければなりません。この行為は、指導改善のための「指導と評価の一体化」を超越していると考えられます。なぜなら、既存の知識や技能をいかに身につけさせたかという次元の話ではなく、子どもたちの能動的で協働的で創造的な「学び合い」に対

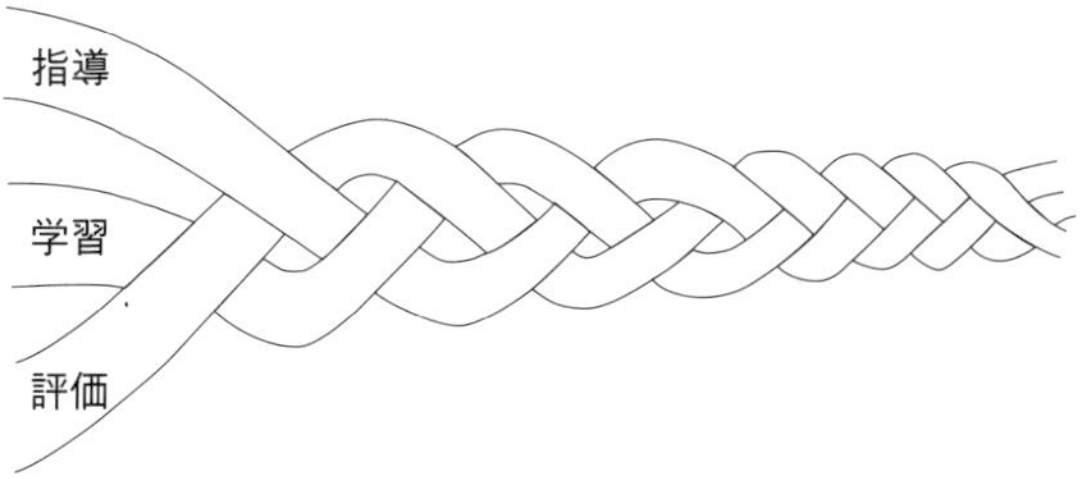

（M. B. Puckett、1994）

図3-1　真正の評価モデル

する指導評価だからです。

このような真正の評価は、Puckett（１９９４）によれば、学習と指導と評価が互いに紡ぎ合われ、繋ぎ目が認識できなくなるといいます（図３‐１）。例えば、子どもが仲間と深い学びを実践している場合、教師は称賛の言葉をかけるでしょう。その称賛によって子どもたちは動機を高めると思われます。この称賛という教師行動は、評価であり、指導であり、新たな学習を促進しています。このような「学習と指導と評価の一体化」において重要な評価の視点が、①主体的に学べていたか、②仲間と対話的に学べていたか、③スポーツ・運動を深く学べていたかという三点となります。これらの評価を行うのは、学習者であり教師です。この①〜③の視点で学習者である子どもたちが振り返り、新たな学びを再構築し続けている状況が、第1章で述べた「教師が一見教えていなくても、子どもたちが学びを遂行している授業」だといえるでしょう。しかし、そのような「自学自習」的な学習にも、必ず教師としての「教え」を加える必要があります。その理由は「話し合いあって運動なし」「這い回る経験主義」に陥らせないためです。専門職である教師は、子どもたちの経験をコーディネイトしたり、さらなるスポーツ・運動の学びを深めたりする必要があるのです。

アクティブ・ラーニングの体育における「学習と指導と評価の一体化」では、「学習」はスポーツ・運動世界を拓き深めつつ、自分づくりと仲間づくりの三位一体の実践だといえます。そのような学習がなされるような授業デザインと促進を行う専門職としての教師行動が「指導」(教え)です。さらに、その学習および指導状況の見とりを学習者と教師で協働的に実践するのが「評価」だといえます。以上の「学習」と「指導」と「評価」を紡ぎ合い、教育方法として三位一体化していかなければならないといえるでしょう。

3 運動の特性を味わわせるための前提

自分の「外」に存在する、第三者に設定された知識や技能を獲得させる教育が、いまの学び手の動機を高めることはありません。それどころか、その教育の考え方自体が生涯学習社会を見据えていません。

では、どのようにしたら、知識基盤社会に応じた体育の教育方法となるのでしょうか。

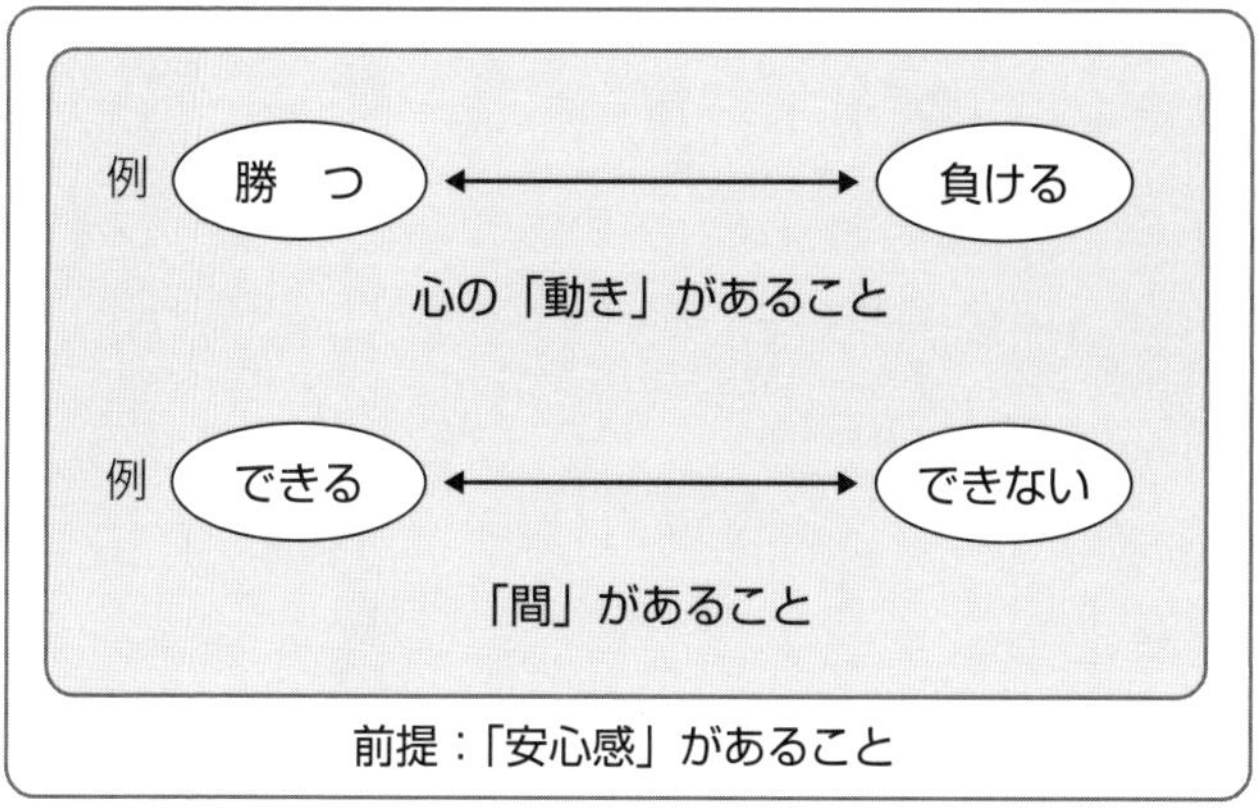

（西村、1990を参考に作成）

図3-2　遊びの3条件

ズバリ、自分の「内」に運動を取り込めるようにすることです。運動に没頭し、「運動と自分自身が一体となっている状態にすること」とも言い換えられます。そのためには、動きたくなるような場やテーマ、プロジェクトを与え、「からだ」を拓くような環境のデザインが重要になります。同時に、仲間同士の関係性のデザインも不可欠です。

松田（２００８）は、西村に倣い、プレイ（遊び）の前提には「安心感があること」を掲げ、「できる」と「できない」の間、「勝つ」と「負ける」の間に存在する「心の動き」を楽しむことが重要だと述べています（図３‐２）。学習心理学においても、「勝ち／負け」や「できる／できない」の「間」が50：50の条件がもっとも動機が高まるとされています。

できなくても、負けたとしても、誰からもとがめられることがなく、次への前向きな反省材料とし、できること・勝つことを追求し続けられる「私と仲間と運動」との三位一体の学び合いのデザインが求められているといえます。

4●競争と体育教師の身体性

体育科（保健体育科）を専門する教師の多くは、長く競争に勤しんできた方が多いのが現実です。なお、ダンスは競技スポーツではありませんが、コンクールやコンテストといった卓越の中に競争要素を見出していたのは否めないでしょう。教師は、その「からだ」に滲み込んだ身体性やアイデンティティを暗黙のうちに、学び手に滲み込ませる存在です（坂本２０１３）。

社会科において「いかに知識を獲得させるか」を大切にしている教師から、子どもたちは暗黙のうちに「社会科は暗記科目だ」ということを学びます。同様に「スポーツは勝つことが目的だ」と考えている教師のクラスでは、「内容は問わず勝てば嬉しい」、あるいは「どんなに良いプレイがあっても負ければ悔しい」という考えが空間を支配しがちです。このような空間では「勝つためには、運動が苦手な〇〇さんがいない方が良い」という短絡的で効率的な思考を生む危険性をはらんでいます。つまり、教師が勝敗を学習の中心に据えてしまうと、運動が苦手な子どもたちは、ますますスポーツや運動の学びから遠ざかりかねないのです。第2章で述べた通り、運動格差が現在の体育にまつわる大きな問題の一つです。その格差を拡大させず、子どもを誰一人運動から逃避させないのが、いまの体育の難題であり、かつ最低条件だと考えられます。

とはいえ、スポーツを教材にすることが多い教科特性上、勝敗はつきものです。勝敗を完全に排除することは先に述べた「勝ちと負けの間の心の動き」の面白さを感じにくくします。そこで、勝つためには手段は問わないという「誤った勝利至上主義」から、勝利を追求する姿勢を重視し、敗北も反省材料として受け容れる「勝利追求主義」にシフトすることが重要になります。勝利には、時として運や偶然も影響することを指導者も学習者も理解することが不可欠です（梅澤２０１４）。勝利追求主義のもと、必然性高く勝つためには、どのような技能が必要なのかを思考し、習得する過程や戦術などを探究するプロセスに、能動性、協働性、創造性が不可欠となります。これがスポーツを教材とする学び合いの視点の一つです。

5 21世紀型能力からの体育の学び方

国立教育政策研究所（２０１５）は、21世紀に求められる資質・能力の構造一例を図３‐３のように示しています。ポイントは「思考力」を中核としている点です。これは20世紀型の伝統的な教育方

図3-3　21世紀に求められる資質・能力の構造一例

法のように、基礎の反復の先に思考力を発揮するステージがあるといった「基礎↓思考↓実践」という一方通行ではないことを示唆しています。

登山がもし、無味乾燥な訓練室で体力や登山知識といった基礎を身につけた者にしか許されないならば、多くの者が基礎の獲得段階で逃避するでしょう（梅澤２０１５）。

一方、実体験として自然の美しさと険しさを感じた登山者は、より高い頂《いただき》へのチャレンジのために、自らの体を鍛え、知識や技能（基礎力）を主体的に身につけようとするでしょう。自身だけでは到達できない挑戦は、仲間や先達（教師）との協働、すなわち「学び合い」をすればよいのです。実社会との関わりが不問の基礎を反復させてから、思考・活用させる教育は、多くの子どもを学びから逃避させた20世紀型の伝統的な教育方法でしかないのです。

21世紀の学習指導では、真正な課題でのアクティブ・ラーニングが求められています。教師にとっての新しい教育方法は、その思考・活用力を発揮するなど学習の過程に没頭できるデザインが中心になるでしょう。また、その没頭をさらに促進するファシリテーター（促進者）としての教師行動も求められます。体育授業に限定すれば「スポーツ運動」のもつ面白さに没頭する学びが、学級内に溢れることがもっとも重要だと考えられます。

6●「スポーツ運動」の特性を味わわせる

先に述べた「新たなスポーツ・運動世界を拓かせる」ことは「運動の特性を味わわせる」ことであり、学び手の視点からみれば「運動領域特有の面白さに『没頭する』」ことだと言い換えられます。哲学的な話になりますが、体育でのサッカーは、単にサッカーというスポーツを行うのではありません。サッカーに含まれるドリブルやパス、シュートといった「スポーツ運動」（久保２００９）を行うことになります。そのような「スポーツ運動」によってサッカーが構成されているということです。

サッカーで勝ったから面白い、負けたからつまらないでは、学びが成立しているとは言えません。授業ゆえに（公式なルールではない）サッカー的なゲームにおいて、「スポーツ運動」による「いま—ここ」の瞬間を存分に愉しませることが大切です。具体的には、相手を「突破する／させない」面白さや、シュートを「決める／決めさせない」といった局面の面白さに没頭できる授業をデザインすることになります。

安心感の前提があれば「できる／できない」の間に生まれる「いま—ここ」の瞬間を存分に愉しむでしょう。例えば、「フェイントで相手を抜き去った瞬間」「相手からボールを奪った瞬間」「無回転シュートがゴールネットに突き刺さった瞬間」——。「いま—ここ」に没頭することでスポーツや運動の世界が拓かれていくのでしょう。その運動世界の開拓の連続が、深い学びにつながると考えられます。

読者の皆様にも、何年経っても思い出せる「スポーツ運動」の瞬間があるのではないでしょうか。それはどんなシーンですか。おそらくスローモーションで想起できるほど自己の「からだ」を構成する一部になっているのではないでしょうか。そのようなフロー体験を体育授業でより多くの子どもたちに味わわせるには、どのような授業デザインが望ましいのでしょうか。

7 既成概念を破り、すべての子どもに運動の特性を味わわせる

小さい子どもは、同じ本を何度も読み、同じビデオを何度も見ます。単純な内容でも没頭しやすいのでしょう。同様に、小さいうちから、安心感の上に立つ、運動が「できる／できない」の間に没頭させ、「からだ」を存分に耕していきましょう。

しかし、学年が上がるにつれ、運動格差は拡大していくのが常です。そのような状況において全員に運動の特性を味わわせるためには、既成概念を破ることも必要です。

例えば、四人組でサッカー的なゴール型ボール運動の活動をする場合、多くの教師は、二対二のゲームや、三対一の「鳥かご」と呼ばれるパス回しを選択するのではないでしょうか。そのような活動で

は、四人組にサッカーチーム所属の子が一名いた場合、その子が「ふきこぼれ」(落ちこぼれの反対、できるのに力を抜いてできないフリをする状態)となるか、他の三名が「落ちこぼれ」になるかのいずれかではないでしょうか。

そこで、ゴール型ボール運動の特性の一つである「突破」を、三対一で実践してはいかがでしょう。もちろん一名がサッカー経験者の子です。その子は三名の相手を全員突破しなければなりませんし、もしボールを奪われたら一人で取り返さねばなりません。ふきこぼれている暇はないでしょう。一方、三名の方は、協働的に守り、協働的に突破をすることを学びます。つまり、コンパクトに守り、ボールを奪ったら、オフ・ザ・ボールムーブメント(ボールを持たない者の動き)を考え、組織的に突破を図れば良いのです。さらに、この四人組が、後に他チームと対戦する際のチームメイトであれば、一名のサッカー経験者は、チームメイトに動き方を教えつつ、自身は真正な突破ゲームにおける動きを反復的に学ぶという「学び合い」が成立します。このようなチーム内ゲームは「勝ちと負けの間の心の動き」は存在しながらも、「必然性高く勝つため」に、技能や戦術を能動的、協働的、創造的に「学び合う」必然が埋め込まれています。

教師は、一名の子が突破できるかどうか、三名チームがボールをもらうために広がれる範囲はどのくらいかを専門職として見とり、その活動範囲を(マーカーコーンなどで)適宜修正する必要があります。これは、ビデオの中のスーパーティーチャーには決してできません。ボールの空気圧を下げればパススピードは落ちますが、トラップはしやすくなります。その具合を決めるのも専門職です。繰り返しますが、体育におけるスポーツは公式ルール（空気圧、ピッチの広さ、人数）で実践されるものではありません。

本章の冒頭で述べた通り、いまの教師には、「子どもたちが飛びつきたくなる品物（教材）を準備し」、「子どもたちが能動的に品物を広げ、それを手がかりにもっとたくさんの魅力的な品物を自分の手で創りだすことができる力を育むこと」が求められています。飛びつきたくなるかは、学び手の状況に応じた授業デザインに依ります。そのスポーツや運動の世界に参入させた後は、授業改善の中で①主体的、②協働的に、③深く、スポーツ・運動の特性を学び、「私たちのスポーツ」を創造できる資質や能力を育むことが、生涯学習社会の体育の在り方だと考えられます。

〈引用・参考文献〉

◎久保正秋（２００９）意味生成としての「スポーツ運動」体験の意義、体育学研究54（1）、１８３‐１９６頁.
◎国立教育政策研究所（２０１５）資質・能力を育成する教育課程の在り方に関する研究報告書1.
◎松田恵示（２００８）運動遊びの社会学、体育の科学58（5）、３２６‐３３０頁.
◎西村清和（１９９０）遊びの現象学、勁草書房.
◎M. B. Puckett (1994) Authentic Assessment of the Young Child, MacMillanCollege Company.
◎坂本拓弥（２０１３）「体育教師らしさ」を担う身体文化の形成過程：体育教師の身体論序説、体育学研究58、５０

5-521頁.
◎高橋勝（2013）〈教師―生徒〉関係をどうとらえるか、教育学術新聞、2529号.
◎梅澤秋久（2014）運動部活動における勝利追求主義とケア思想、横浜国立大学教育学会紀要1、71-81頁.
◎梅澤秋久（2015）確かな学力の定着に向けた指導と評価の在り方について、初等教育資料927、86-89頁.

第4章 「いま—ここ」の個の学びを「学び合い」につなげる

——「憧れに憧れる」関係性とケアリング

1●「いま—ここ」に没頭する学び

読者にも、ずっと忘れられない「スポーツ運動」（第3章）の瞬間があるはずです。例えば、フェイントでディフェンダーを置き去りにした瞬間。相手投手の速球をジャストミートした瞬間。パッシングショットが相手選手の逆をついて決まった瞬間。

スローモーションで想起できる「スポーツ運動」の瞬間は成功体験ばかりではないでしょう。フライングレシーブでボールには触れたものの仲間の側に上げられなかった瞬間。フリーで放ったシュートがゴールポストに当たった瞬間……。

忘れられない体験は、自身の一部を構成しているといえます。久保（２００９）はこのような体験を自己と「スポーツ運動」の「溶解体験」と呼んでいます。そのような自己と「スポーツ運動」とが溶け合う瞬間を体育授業内にいかにデザインするか、そのために他者とのかかわりはどうなるのか、これが本章のテーマです。

読者の中には、「そのような体験をさせるためには、たくさんの練習をさせなければ！」と意気込む方もいらっしゃるでしょう。しかし、メッシや錦織圭のレベルに達していなくとも感動体験は得られます。自分の中で運動に没頭できれば（＝夢中になれれば）よいのです。つまり、「スポーツ運動」との溶解体験は、他者と比較する相対的なものではなく、どこまでいけば味わえるという到達度の問題でもありません。本人（個人）が「いま―ここ」の瞬間に没頭した挙げ句、自己のパフォーマンス内での「できる」と「できない」のギリギリを発揮した感動体験なのです。

体育においては、「スポーツ運動」そのものの面白さを存分に味わい、「いま―ここ」に没頭し続けた結果、以前よりも高い到達に導くことが大切です。ここで問題になるのは、自己と「スポーツ運動」との溶解体験という個の学びにおいて、いかに「かかわり合い」「学び合い」を含めていくか、です。

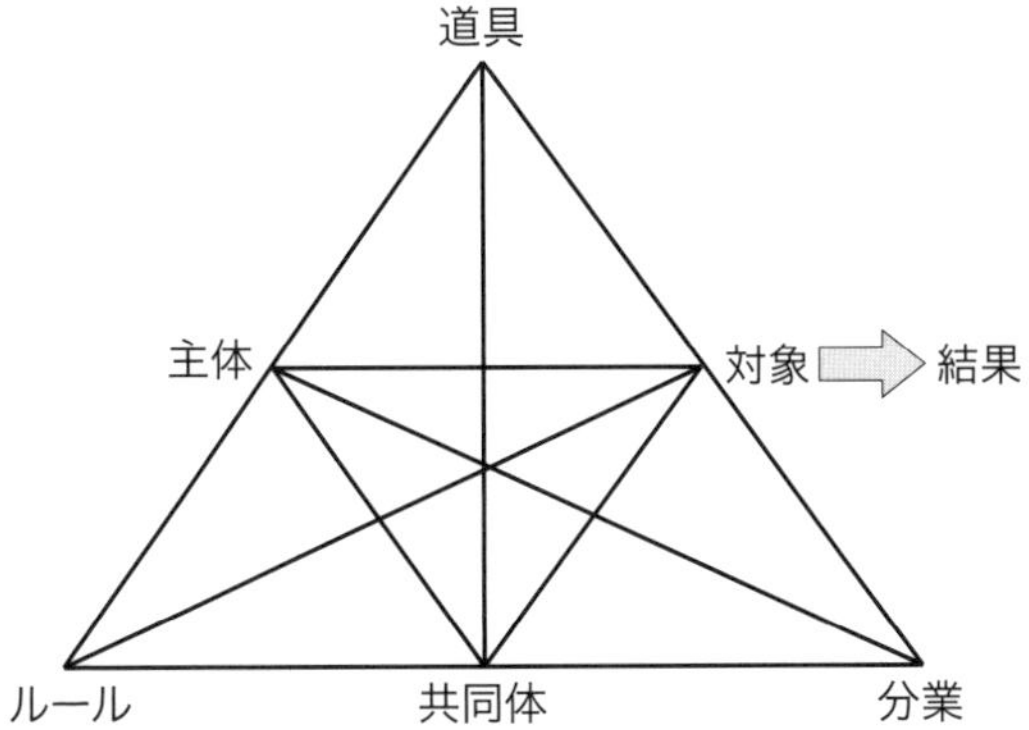

「学び」を文脈で捉え、より良い「結果」にするためには、
何をなすべきかを考えるためのモデルです

（エンゲストローム、1999）

図4-1　活動システムモデル

2●何と何が「かかわり合う」か

校内研究等で「かかわり合い」をテーマにする際に、体育科はその必然性が高いことを理由に選ばれるケースがあります。しかし、そこでの「かかわり合い」は、仲間と対話することだけを目的にしているのではないでしょうか。真の「学び合い」は、学習対象の存在が不可欠であり、さらに深い学びの経験が求められます。

ここで、フィンランドの教育学者エンゲストロームの社会的構成主義の「活動システムモデル」を参考にしてみます。図4-1によれば、かかわり合うものは、上部中央の三角形「主体（ヒト）・道具（モノ）・対象（コト）」であり、下部中央の逆三角形「主体（自己）・

共同体（他者）・対象（学習対象）」です。主体と共同体の間に生まれるルール（マナー）、共同体と対象の間に生まれる分業とも、かかわり合うことが求められます。

エンゲストロームの活動システムモデルは、共同体において遂行される学びを個人的な単位としてではなく、社会的・協働的・組織的な活動の単位として理解する枠組みだといえます。素晴らしい「学び合い」の授業は、おそらくこれらのすべてのかかわり合いが優しく、かつ強固なものだと思われます。

3●他者の「憧れに憧れる」関係性の構築

フェイントで「相手を抜く面白さ」に没頭している子どもがいたとします。このサッカー小僧は、きっとメッシやクリスティアーノ・ロナウドらスーパースターのプレイに憧れているのでしょう。しかし、スーパースターが生まれながらにスーパープレイを身につけていることはありません。つまり、彼らも「相手を抜くドリブル」という「スポーツ運動」の世界に憧れ、探究し続けているのです。サッカー小僧は、メッシらが追い求める「相手を抜くドリブル」に憧れ、何度も相手選手にドリブルを仕掛けていくのでしょう。

このような「憧れに憧れる」関係には、学習対象が不可欠です。体育では、「スポーツ運動」抜き

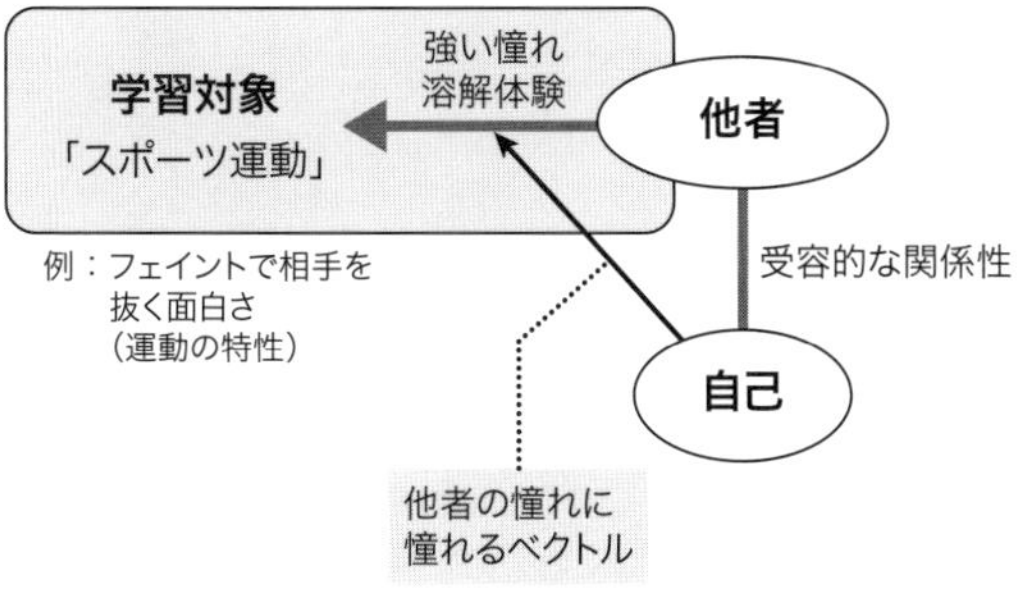

図4-2　憧れに憧れるベクトル

には語ることができません。図４‐２に示す通り、他者が、「スポーツ運動」に強い憧れを抱いている姿に惹かれ、自己の心に火がつき、徐々に「スポーツ運動」の世界に誘われるような構図です。

自己と他者と学習対象が一体となる体育での学び合いでは、自己と他者が互いに受容的・共感的な身体性をもっていることが重要になります。それは、他者の「スポーツ運動」の瞬間に一緒に「からだ（心身）」が動いてしまうような身体であり、他者に対するケアの意識が高い状態だといえます。そのような受容的・共感的な身体は、他者に対して自己を開示しやすく、運動世界に対しても拓かれやすいと考えられます。

受容的・共感的な「からだ」同士で関係が構築されている共同体では、「できる子」も「できない子」も存在した方がむしろ良いのです。多様な他者とのコミュニケーション能力を発揮しつつ、「スポーツ運動」世界に浸り、その運動の特性を味わうことができるからです。これは、体育における学び合いの一つの姿だといえます。

4 体育におけるケアリング

梅澤（2015）は、「憧れに憧れる」共感的な身体での体育の学び合いを、鉄棒の逆上がりを例に挙げケアリングの視点から次のように考察しています。

(ア)「主体A（運動が苦手な子）」が、「大きく世界が一周する（教師によるテーマ）」という面白さに没頭している「他者B（運動が得意な子、もしくは教師や外部指導者等の場合もある）」に憧れる。

(イ)AがBに（逆上がりについて）質問する。もしくは、BがAの思いに気づく。

(ウ)BがAに「逆上がりの面白さ」について「専心」的に（心を砕いて）語り、支援する。その際、ケア的なモノ（例えば、適切な高さの鉄棒、逆上がり補助器）の活用や、協働的な他者の補助等のケア行為が必要となる。

(エ)AがBの専心的なかかわりを「からだ」で「受容」する。

(オ)また、AはBの専心的なかかわりを「承認」したことをBに示す。

(カ)さらに、AはBの専心的なかかわりに対し、「応答」し、「からだ」まるごとで逆上がりを実践する。

(キ)AとBと逆上がりとの三位一体のケアリング関係が構築され、互いが没頭する意味生成の瞬間が生成される。

(ク)生成としての教育（創造的で協働的な学び合い）の瞬間に没頭したBは、Aに新たに心を砕いた「専心」的なかかわりをする。

(ケ)(エ)に戻る。

これらの自己と他者とスポーツ・運動とのケアリング関係の中で、運動が苦手なA自身が「逆上がりの面白さ」に没頭できるようになっていくといえます。運動が得意なBはケアする人として、成長する欲求をもっているAを「自己の延長」（メイヤロフ1987）として捉え、自己と「溶解」していた逆上がりを、自己の延長であるAの視点から捉え直すことになります。AはBのケアを受容・承認し、応答したことで、Bの新たな専心を受けつつ、AおよびBは新たな自己を生成し、新たな仲間関係と運動世界を開拓しています。

5●体育での学び合いのために

「スポーツ運動」への「憧れに憧れ」、心に火がつく瞬間として、運動部活動のシーンを想起される方も多いでしょう。憧れの先輩のようになりたい、尊敬する先生（共同体の中の他者）の理想に近づきたい……。読者の中にもそのような感情を抱いた経験がある方がいらっしゃるのではないでしょうか。自己と他者（共同体）と対象（スポーツ）が一体となっている関係性は大きな感動体験を生みます。現に、教職志望学生にその動機を質問すると、運動部活動の恩師に憧れ、教師を目指しているという者が少なくありません。

ここで気をつけるべきは、体育科がすべての子どもを対象にしている点です。それは競技スポーツと縁遠い子も含まれることを意味します。部活動のように、自ら希望し、やる気に満ち溢れている子どもたちばかりではないのです。多くの体育教師が有している「スポーツ経験に基づく『勝利を目指す』」という思想は、運動が苦手な子を体育の学習から密かに排除し、結果的に「運動をしない子」を生み出しかねないのです。いまの教育では「多様な他者とのコミュニケーション」が求められており、「運動しない子」の増加が問題になっているにもかかわらず、です。

そこで、第3章でお話しした「プレイの前提」である「安心感があること」が重要になってきます。その上で、「できる」と「できない」の間、「勝つ」と「負ける」の間の「心の動き」を愉しむことが大切です。

その安心感は、チーム内で行うゲームや得点板を使わないゲームで生まれやすくなります。なぜなら、子どもたちは、どんなにスポーツ運動に没頭していたとしても、その後に立ち現れる勝敗や得点、タイムといった客観的な基準に囚われやすいからです。特に、敗北や予想を下回る記録などネガティブな結果に心を支配されることで、スポーツ運動の瞬間は忘れさられやすくなります。

『「できる』と『できない』の間を愉しもう」と教師が主張すれば、失敗が受容されている学習空間がつくれます。また、「すごいなと思えた仲間には遠慮なく質問しよう」「質問された人は、心を砕いて仲間にかかわろう」といった道具としての言語（コトバ）は、自己と共同体の関係をやわらかなものにするでしょう。それは、「分業」という形式的な「教え合い」とは一線を画す、ケアリング要素を含んだ「協働」的な営みとなります。

加えて、「（後からでも思い出せるような）スポーツ運動の瞬間が生まれることをチーム・クラス内全員で大事にしよう」という「教師の憧れ（教育哲学）」に、子どもたちが憧れてくれたならば、子どもたちは安心感の前提に立って「いま―ここ」に没頭し合う「学び合い」を実践してくれると思われます。

〈引用・参考文献〉

◎ユーリア・エンゲストローム、山住勝広ら訳（1999）拡張による学習―活動理論からのアプローチ―、新曜社．
◎久保正秋（2009）意味生成としての「スポーツ運動」体験の意義、体育学研究54（1）、183‐196頁．
◎ミルトン・メイヤロフ、田村真ら訳（1987）ケアの本質、ゆみる出版．
◎佐藤学（2010）教育の方法、左右社．

◎高橋勝（２０１３）〈教師―生徒〉関係をどうとらえるか、教育学術新聞、２５２９号.
◎梅澤秋久（２０１５）学校体育における教育学的ケアリングの地平、Research Journal of JAPEW vol. 31, pp. 1-17.

第5章
「学び合い」を誘発する「道具」
——アフォーダンスとユニバーサルデザイン

1●エンゲストロームの活動システム論の活用

前章では、エンゲストロームの「活動システム論」を紹介しました。授業をシステムとして捉え直すという大枠の考え方は多くの読者に共感いただけるのではないかと思います。また、自己と他者（共同体）との関係が大切だということもご理解いただけるのではないでしょうか。

しかし、システムとして授業を捉え直すことが、授業を改善することや学び合いをつくることにどうつながるかが、いまひとつはっきり見えてこない方も多いのではないかと推察します。

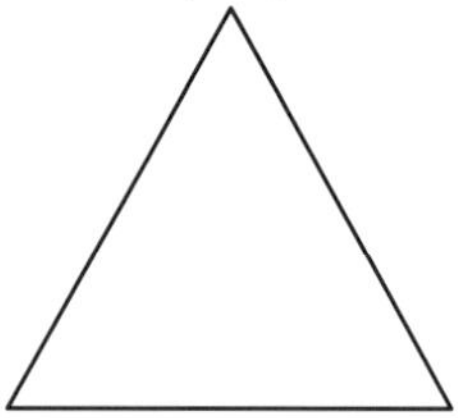

図5-1　活動システムモデル論の上部の三角形

その曖昧模糊とする理由は、おそらくシステム自体が複雑だからだと思われます。人間関係と同様、複雑ゆえに面白いのかも知れません。しかし、活用できない知識は、知識基盤社会においては淘汰されるべきモノとして扱われてしまいます。

そこで、本章では、エンゲストロームの活動システム論を「学び合い」につなげるための具体的な視点をモノとヒトとコトのかかわり合いから提示します。

2 複雑な状況を分かりやすくするには

「分かる」と「分ける」の語源が同じである通り、分けたり整理したりすることで分かりやすくなります（ただし、分けることは、他を切り捨てることではありません）。

活動システム論の上部の三角形だけを分けて取り出す

と、図5‐1の通り、主体（ヒト）と道具（モノ）と対象（コト）とのかかわりとなります。

佐藤（1997）は、「学習は、『モノ』や『コト』や『ヒト』とのかかわりを、学習者である子どもの身体を投企して紡ぎあげる営み」と論じています。ここでいう「身体を投企」することは、自己が可能性に向かってひらかれた存在となっている状況を表しています。また、「紡ぎあげる」ということは、主体（ヒト）・モノ・コトが強固にかかわり合いつつ、新たな自己を創っていることを表していると言えます。

3●ユニバーサルデザインのモノによってコトを生み出す

モノは、言葉を発しませんが、ヒトに対して何らかのメッセージを投げかけています。降り積もった新雪に跳び込んだ経験はありませんか。体育館に横たわったエバーマットに跳び乗る子どもを見たことをありませんか。これらは、モノによってヒトの「からだ」が拓かれ、コトが生まれた現象だといえます。

モノがヒトに働きかけ、それにより動作や感情が生まれることをアフォーダンス（affordance）といいます（佐々木、1994）。つまり、新雪やエバーマットは、「ふわふわだよ」というメッセージをヒトに「与え（afford）」てくれているのです。その「ふわふわだよ」というメッセージを受容す

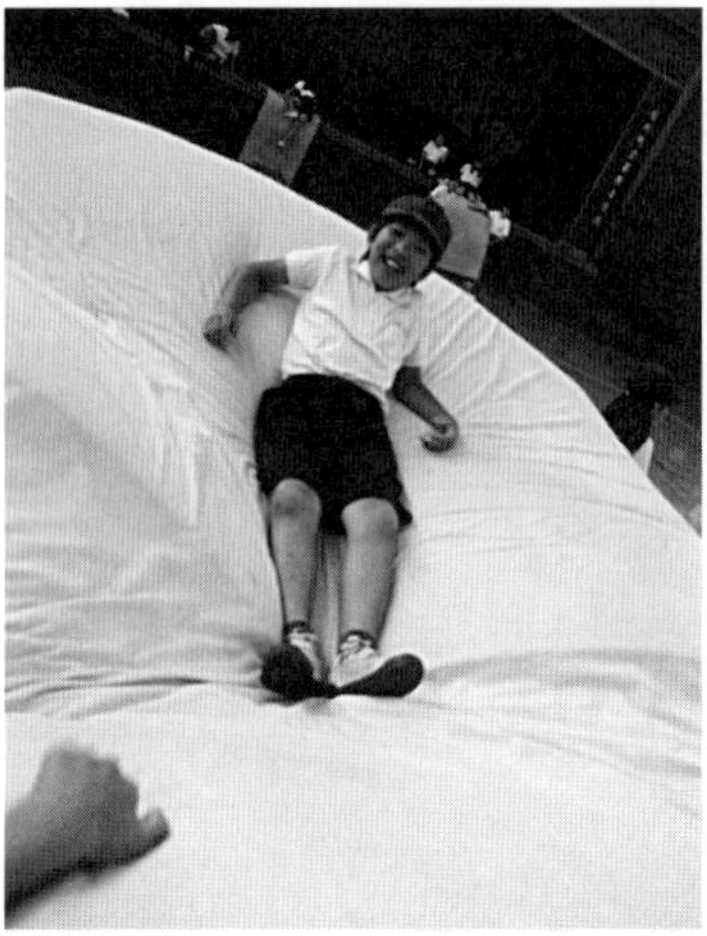

写真5-1　安全が確保された場で「からだ」が解放

ると、「跳び込めそうだぞ」という承認に変わります。さらに、「からだ」が拓かれているヒトの中では、その後、「跳び込みたい」という運動の意味が立ち上がり、跳び込む行為（コト＝応答行為）が生まれたのだと考えられます。

素晴らしい授業では、すべての子どもを学びに誘う「道具（モノ）」が準備されています。そのようなモノは、教えるための材（教材）を超え、学ぶための材（学習材）として子どもたちに受け容れられます。

これまでの体育では、低学年や苦手な子どもには、やさしいモノを与え、学年や技能レベルが上がってくると一般化された教材を与える傾向にあったように思われます。しかし、世の中のモノはユニバーサルデザイン化されてきています。電車のシルバーシートはプライオリティシートに替わり、障害者用トイレはみんなのトイレとされ「誰でもご使用になれます」と表示されています。個別に配慮が必要なヒトにだけでなく、すべてのヒトにとってやさしいモノが重視される社会に変化しつつあるということです。

例えば、ウレタン製のソフト跳び箱などは体育におけるユニバーサルデザインの好例です。安全・安心が確保され「痛くないよ」というメッセージを与えてくれる跳び箱です。

それは誰にとっても「跳び乗りたい」と思えるモノです。高いところにダイナミックに跳び乗る経験が、跳び越すというコト（開脚跳びなど）へのチャレンジを容易にすることは間違いありません。

しかし、ウレタン跳び箱は決して安価なモノではありません。マットを重ねたり、跳び箱の上に柔らかいモノをかぶせたりする工夫を教師がすることで、すべての子どもを運動世界に誘うことが可能になります（写真5－1）。

4●伝統的なモノと伝統的な教師

一方、伝統的な教師は、種目や技ありきで考えるため、既存のモノを使用し、そのスポーツや運動に子どもを当てはめようと躍起になります。例えば、固くて高い木製のモノ（跳び箱）を使用して開脚跳びという技（コト）を獲得させようと努力します。

学校を卒業した後でも、高いところに跳び乗る、跳び越すという動作は必要です。「あのくらいの高さならば越えられそうだ」という身体感覚をもたせることは重要でしょう。しかし、身体能力を競うテレビ番組以外で大人が開脚跳びをすることは通常ありえません。

開脚跳びができない子の多くは、学校という社会（進学を含む）の中で完結する「体育の成績」のために勉強する（無理して頑張る）という事態に陥っている可能性があります。そのような状況での子どもは、開脚跳びというコトに学ぶ意味を見出すことができません。たとえモノの段を低くされたところで恐怖心をぬぐいさることはできないのです。踏み切る直前に助走速度を無意識のうちに抑制し、厚めのフェルトが隠された白い布の上にお尻をつくというコトが生まれます。

伝統的な教師の多くは、「手をもっと前に着け！」「スピードを落とすな」と、コトに関連したガンバリズム満載のアドバイスをします。

助走スピードを抑制し、着いた手を突っ張って跳び箱にまたがるというコトは、なぜ生まれるのでしょうか。それは、自身の苦い経験や「できる」と思えない状況から、自己防衛的にもっとも痛くなさそうなコトとして表れているのです。教師はそのことを理解しなければなりません。

前章で述べた通り、活動は「できる」と「できない」の間が面白いのですが、その前提としての安全と安心は不可欠です。安全と安心が確保されるユニバーサルデザイン化されたモノを準備しなければなりません。

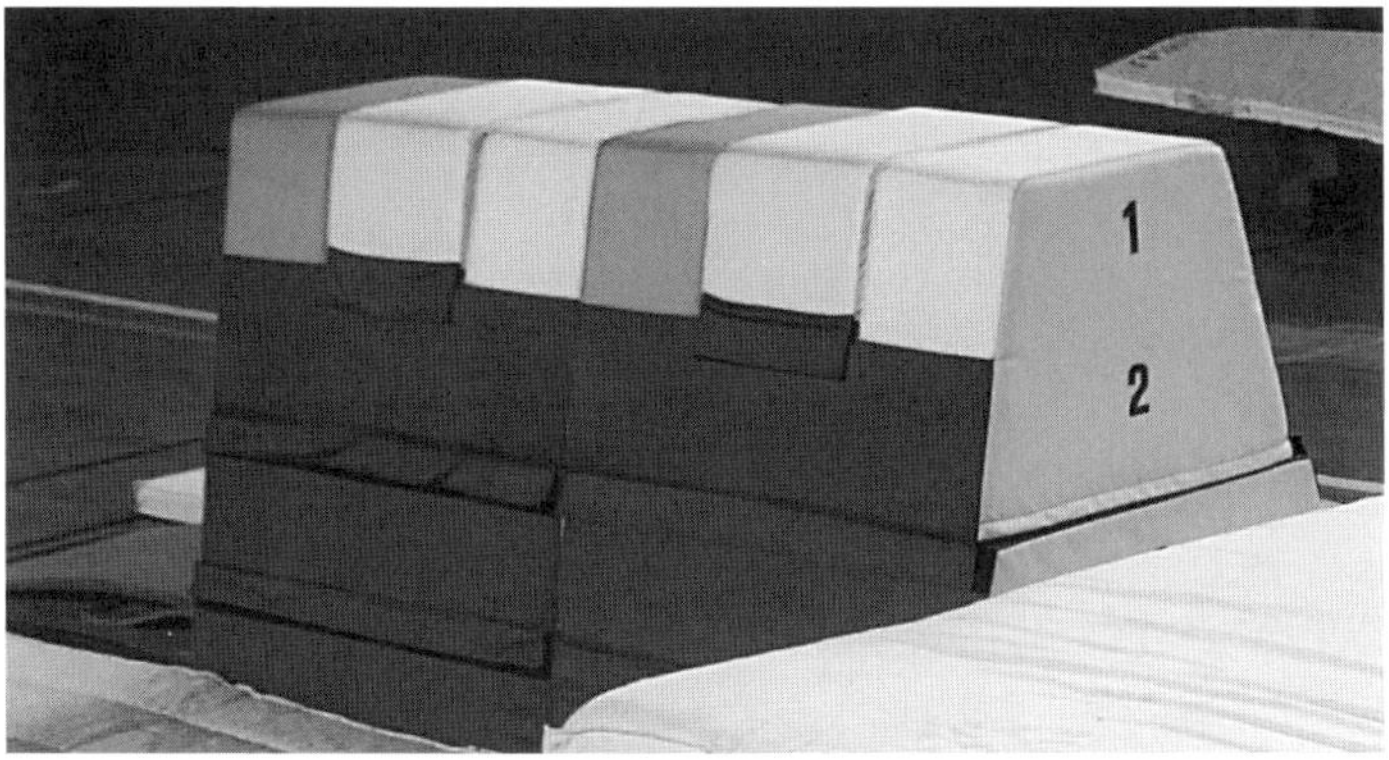

写真5-2　お尻をついても痛くない長い跳び箱

また、あえて全員が「できない」場に変えてしまうのも、劣等感を感じにくくするといえるでしょう。例えば、跳び箱を縦に何個も連結し、「遠くに跳び乗ろう」というテーマを与えます。時として「できる／できない」がはっきりする種目において、「どこまでできるか」を追求させる学びにスライドさせるのも面白いものです。全員がお尻をつくので、痛くない工夫が絶対条件ですが（できれば、着地が心地良いモノ。写真5‐2）、そのような学ぶ環境に身体を投企し続ければ、いつの間にか80㎝くらい先までドスンといけるようになるかもしれません。その長さはズバリ跳び箱の長さ（小学校用）です。やさしい場やモノの中で、運動に没頭し、知らぬ間に運動感覚を身につけられるようになるのが理想的です。

5●共感的なモノと超越的なモノ

あまりにやさしいモノを強調しすぎると「小学校の低学年ではあるまいし」という声が聞こえてきそうです。その通りです。常に使い続ける必要はありません。あくまでもすべての子どもを運動世界（コト）に誘うための共感的な環境デザインの一部です。この共感的なモノは、子どもたち（の一部）が超越的な志向に向かったら徐々に少なくしていく必要があります。

スポーツや運動に限らず、人間の脳は常にできることを繰り返すという「反復」を嫌います。同じウレタン跳び箱（モノ）においても、最初はビクビクしながら活動していた子どもがだんだんダイナミックな動きをするようになるのは、主体（ヒト）が可能性に向かって拓かれ「自分はできるかもしれない」という有能感を感じているからでしょう。その中でワンランク上の「できる」と「できない」の間を愉しむようになるのです。

しかし､常にやさしい場では運動にも限界があります。「もっと腕支持をしてからマットまでの『第二空中局面』を大きくしたい」と考える子どもたちにとっては、固くて高い跳び箱の方が都合の良いモノとなります。

このようにコトがダイナミックになるプロセスでは子どもたちの超越的な志向が強まっているといえます。超越志向に伴い、モノを変化させていく必要があるのです。

＊

本章では、あえて活動システムの上部の△だけを切り分けて論じたため、「学び合い」とも切り離されてしまいました。しかし、アフォーダンスは単に一つのモノとヒトとの関係ではありません。そのモノを中心とした環境がヒトにはたらきかけ感情や活動が生み出されるのです。体育館で厳かな式典が行われている状況では子どもはエバーマットに跳び込みません。

そのモノだけではない環境全体を考える際、活動システムの下部の▽に存在する「共同体」や「分業」「ルール」など延長にある他の事項とのかかわりが重要になってきます。

〈引用・参考文献〉

◎佐藤学（１９９７）学びの身体技法．太郎次郎社．
◎佐々木正人（１９９４）アフォーダンス―新しい認知の理論―、岩波書店．

第6章 「自己・他者・対象との対話的実践」としての「学び合い」

本章では、エンゲストロームによる「活動システムモデル」の主体と共同体と対象との関係から、体育の学び合いについて述べていきます。

佐藤（1995）は、『学び』は、自己・他者・対象との三位一体の対話的実践」だと述べ、自己と他者と学習対象との有機的なかかわり合いの重要性を論じています。エンゲストロームの活動システムモデルと佐藤の「学び」論を重ねてみると、主体は自己であり、共同体は他者と捉えることができます。体育では、対象はスポーツ・運動や身体活動（以下、「運動」と表記）といえるでしょう（図6－1）。

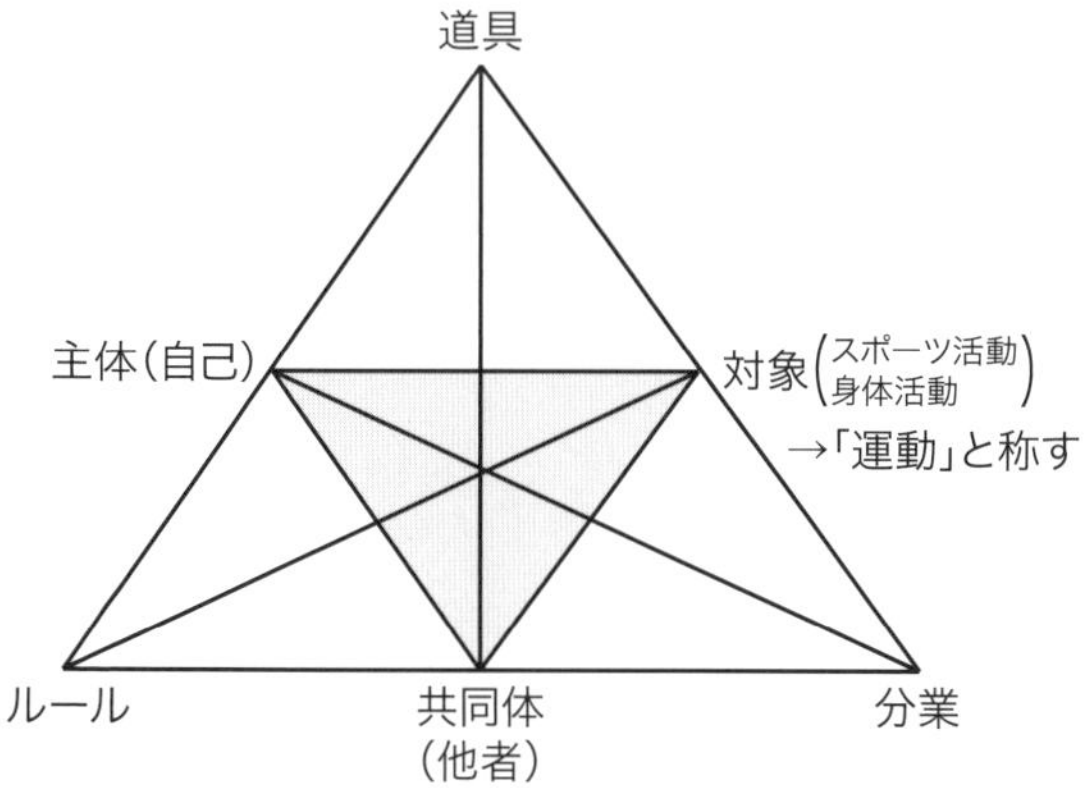

(エンゲストローム、1999を佐藤の「学び」と併せ、対象を体育科用に改変)

図6-1　活動システムモデル

近年、「学び合い」や「かかわり合い」を研究テーマとしている学校が散見されます。しかし、一部の実践は、教師によって制度化されたかかわり合いであり「上辺だけの話し合い」で終始しています。

1 対象を大切にした対話的実践

ここでいう「上辺だけの話し合い」とは、自己と他者との対話で終始し、学びの対象である「運動」との対話が（ほとんど）存在しないことを意味します。事実、話し合いだけにかける時間設定が長いために、ほとんど身体を動かさない授業が存在します。

言語活動が重視されて以降、残念ながら教科としての体育（保健体育科含む、以下同）では

「話し合いあって、学び合いなし」という状況が増えたように思えます。言語的対話だけでは、体育で育成すべき身体能力や運動技能などの成長は見込めません。学習対象である「運動」との対話が（少）ない授業は、単なる学級活動にすぎません。

体育科における教師は、学びの主体である「わたし（自己）」と「運動」との対話を誘発しなければなりません。換言すれば、「いま―ここ」に生まれる「運動」への没頭の瞬間をいかにデザインするかが求められているといえます。そのような学習デザインに他者との対話を交えたり、「わたしたち（自己と他者）」として「運動」と対話したりすることが、本来の体育の学び合いだといえます。

筆者は、体育の学び合いをデザインするポイントは、対象に内在する面白さ、すなわち運動の特性を中心にテーマやプロジェクトを構成することだと考えています。

テーマやプロジェクトを追求するテーマ学習やプロジェクト学習などは、学びの質や深まりを重視し、課題の発見と解決に向けて能動的・協働的に学ぶ学習であるため、アクティブ・ラーニング（第1章）の一手法だといえます。体育科教育学では「『運動』の特性」を能動的・協働的に学ぶためのテーマやプロジェクトを実証的に研究していく必要があると考えます。

2●テーマに基づいた対話的実践

テーマやプロジェクト（ほぼ同義なので以降、テーマに統一）は、学習を大枠で方向付けつつ、すべての子どもの主体的な学びが保証される学習課題です。そのテーマは、教師からすれば「大枠のねらい」であり、子どもからすれば「主体的に学ぶためのめあて」となります。

サッカー的なゴール型ボール運動を例にテーマを考えてみましょう。

サッカーというスポーツは、ドリブルやシュートといった「スポーツ運動」によって構成され、シュートがゴールに入った回数（得点結果）で勝敗を競い合うものです。繰り返しますが、体育における学習のテーマは、「運動」の特性（＝運動に内在する面白さ）を味わわせる内容で設定することが望まれます。ゆえに、「点を取って勝とう！」のように、結果をテーマにすることは得策ではありません。その過程に生まれる「いま―ここ」の「運動」の瞬間が忘れ去られるからです。

低学年では、個人で味わう運動感覚を中心にテーマを構成することがあるでしょう。サッカー的なゲームにおいて「足でやさしくボールを動かそう」というテーマを設定すれば、足でボールを動かす活動がふんだんに準備されることになります。失敗が受容される学級空間であれば、その過程において子どもたちは「ボールと自分が共に動く『やさしいボールタッチ』」を、「できる／できない」の間の面白さに没頭しながら学ぶでしょう。このように個人でオープンエンドなテーマを追求（＝自己と

「運動」の対話）する中で意味を創りあげていく学びを個人構成主義的な学習といいます。体育での個の学びは、互いの「動きの感じ」をすり合わせる場面を教師が設定することで学び合いになります。

ここで問題になるのは、サッカー的な「スポーツ運動」は、個人では構成しきれない内容だということです。「やさしいボールタッチ」の本質的な意義は、相手にボールを奪われないようにしたり相手をドリブルで抜いたりする際に真正なものになります。つまり、「相手をドリブルで抜く面白さを味わおう」「相手をかわしてシュートを打つ面白さを味わおう」といった、サッカーというスポーツ的文脈に基づいたテーマ設定が求められているのです。また、その「相手を抜く」という「運動」自体も、自己と他者と（ドリブルやフェイントといった）「運動」が一体となっています。このような社会構成主義的学習観に基づく学び合いが重要だといえます。

「相手を抜く面白さを味わおう」という広いテーマは、抜く方法が自己（主体A）にとってオープンエンドです。失敗が受容されていれば、さまざまな方法にチャレンジしやすく、自己と「運動」（ドリブルやフェイント）との没頭をしやすくします。また、「相手を抜く面白さ」というテーマは、学習の主体Aにとっては、自己のふりかえりの視点となり、他者（教師や仲間といった共同体）にとっては、主体Aの学びを見とるための視点になります。

さらに、実際のゲーム場面では「わたしたち」で「相手を抜く面白さを味わおう」となります。まさに、自己と他者と「運動」とが三位一体となる瞬間です。すべての子どもに「相手を抜く面白さ」

写真6-1　相手も共に学び合う仲間

を味わわせるためには、ゲームの少人数化が不可欠です。それによってゲームに参加している子どものほとんどが「相手を抜く」という「運動」にかかわる必然性がうまれるからです。

「仲間と共に、相手を抜く」ための方略はオープンエンドです。子どもたち自身が「わたしたち」の戦術や動きを振り返り「突破できる／突破できない」の間の面白さに没頭している学習空間は、サッカーにおける学び合いの一場面だといえます。また、自分のチームと相手チームとの組織間学習も大切です。相手がいるからゲームができるのです。単なる敵／味方ではなく、同じテーマで学び合っている仲間と捉えると学級内に互恵的な関係性が創出されていきます（写真６－１）。

このように、子どもたちが運動の特性を学び合うためにテーマ設定はとても重要です。読者ならば、各運動領域の授業デザインにおいて、どのようなテーマを設定しますか。そのテーマへの「ゆりもどし＝ターンバック（第Ⅱ部第1章）」をすれば、子どもたちの能動的で協働的な学び合いが誘発されるような内容が必要不可欠です。教師（学生）間でのテーマ創造は興味深く、実践的な学び合いになると思われます。

3●自己・他者・対象の枠を超えた学び合い

テーマやプロジェクトは、自己（主体）でも他者（共同体）でも、直接的な対象（運動）でもありません。では、エンゲストロームの「活動システムモデル」ではどこに入るのでしょうか。答えは、「道具」です。道具には言語も含まれます。

多くの子どもは、仲間や教師から活動を褒められたり動きを価値づけられたりするとさらに動機を高めます。その褒め言葉も言語であり「活動システムモデル」での「道具」なのです。

体育での学び合いでは「失敗を認め合おう」という学級内の「ルール」が必要になるかもしれません。また、時としてゲームに没頭している子どもとコートの端でテーマに基づいて仲間のプレイを見とる子に「分業」する必要もあるかもしれません。これら「言語」「ルール」「分業」も「エンゲストロームの活動システムモデル」の構成要素です。

優れた学び合いの授業では、「自己・他者・対象の三位一体」を超えて、エンゲストロームの活動システムモデルのすべての構成要素が一体となった対話的実践だといえます。この活動システムモデルという窓から実践を振り返ることで、教師はより深い省察ができるでしょう。

〈引用・参考文献〉

◎佐藤学（1995）学びへの誘い、東京大学出版会.

第7章　スポーツによる学校変革と教師の正統的周辺参加の一事例

現在、「学び続ける教師」が希求されています。しかし、現実は学校現場での教師の学び合いが創出しにくくなっています。それはなぜでしょうか。

90年代から学校現場は大きく変わりました。いじめや不登校への対応の増加、学力低下論への対応、21世紀に入ると、学級崩壊やモンスターペアレントという言葉も生まれます。また、説明責任を果たすことが求められるようになり、教師の労働時間は増加し続け、多忙化の一途をたどっています。

この多忙化が、教師の時間的・精神的ゆとりを剥奪し、教師同士の学び合いを創出しにくくしています。本章では、筆者の小学校教師時代の事例を紹介することで、この問題に向き合ってみます。

1 教師の多忙化

筆者が2001年から赴任した神奈川県のH小学校では、教師らは多忙感を抱えていました。

多忙感の一番の要因は子どもの問題行動です。赴任した4月1日の職員会議での女性教頭の怒号が今でも脳裏に蘇ります。「昨年度は学校に割り振られている修繕費が1学期を終える前に底をついたのですよ」。教頭先生は机を叩いてお話しされました。筆者が子どもだった1970年代後半から80年代の中学校の「荒れ」が想い起こされました。粗暴な子どもへの対応、壊れた物の修繕、生徒指導会議……、教師の多忙さは想像に難くないでしょう。後にこの教頭先生がとても素晴らしい方だと知ることになりますが、そのような方が声を荒げるほどの状況だったということです。

多忙感の二番目の要因は保護者対応の多さでした。子どもが荒れる→保護者会を開く→保護者から教師への不信感が爆発→保護者と学校の関係が悪化→子どもが荒れる……という悪循環がありました。保護者会には、崩壊状態の学級の担任以外にも多くの教師が参加します。若干の亀裂から教師集団全体が保護者対応に追われ、疲弊し、子どもへの対応がおざなりになった結果として子どもが荒れ、さらに教師が疲弊するという二重の悪循環が見てとれました。

2●スポーツを手段に学校を変える

どんなに荒れた学校でも、やる気に溢れた教師や協力的な保護者はいるものです。H小学校ではO先生という先輩教師がそれに該当しました。

「梅ちゃん（筆者）、うちの子たちは『やんちゃ』だけど、運動はできる。駅伝大会に出ようと思うのだけれど、指導してくれない？」

事務的な仕事はO先生が、子どもへの運動指導は筆者が担当し、それをフォローする数名の教師と保護者で力を合わせ、駅伝クラブ「レッドデビルス」をスタートさせました。

「やんちゃ」な子どもたちはすぐに成果を上げます。横浜国際総合競技場で行われた「よこはま国際ちびっこ駅伝」に初出場で総合優勝。「頑張れば良いことがある」「金メダルがもらえる」という事実が全校に一気に拡がりました。

筆者は駅伝クラブで学校を変えられると確信しました。スポーツを手段に生徒指導をするというのは、昔ながらの教育手法です。しかし、背に腹はかえられないというのが現状でした。

レッドデビルスは、希望制の特設クラブとして学校に正式に認められ、対象の4学年以上（後に3学年からに拡大）の児童とその保護者に入部を呼びかけました。すると、なんと対象学年の児童の約8割から入部したいと申し出が——。スポーツクラブに入っているアスリート児童、問題行動の多い児童、特別支援学級の児童、多様な児童たちが加入してきました。

この状況は多くの大人による協働を必要とします。若い教師にはコーチとして参加してもらい、管理職を含めたベテラン教師陣は率先して安全指導を担ってくれました。発足時から協力的だったPTA役員のHさんは保護者コーチとして参加するようになりました。

子どもの頑張りは目を見張るものがありました。近隣のすべてのマラソン大会や自治体の連合運動会で上位を独占。大会役員からは「赤い悪魔」と笑いながら揶揄されました。よこはま国際ちびっこ駅伝では毎年全カテゴリーで入賞する破竹の勢い（写真7-1）。新聞や地域の広報誌にもたびたび報じられました。

希望制の特設クラブであるため教科体育とは異なります。練習はハードですが、「仲間との切磋琢磨」という形式の学び合いを大切にしました。「今日は抜かれたけど、明日は負けないぜ」といった直接的な競い合いに加え、「歴代のベストタイムにあと2秒だ」という憧れの先輩との競争も存在しました。同時に「卓越の探求」も求めました。つまり、より良い自分に更新（アップデート）していく姿勢を重視したのです。競走となるとタイムはさておき、単に「敵」よりも早くゴールすれば良いという短絡的な思考に陥る子もいます。しかし、駅伝クラブなのでチーム力が重要です。ライバルを貶《おとし》めてもメリットはありません。ゆえに、「敵」は存在しないのです。「抜かれてしまった少しの悔しさを互いの成長に生かそう」を合言葉に全メンバーで共に成長し合う雰囲気が醸成されていきました。

横浜市立上山小学校

写真7-1　横浜国際総合競技場で先頭を走るレッドデビルスのYさん

これらの成果は、単に子ども同士という関係を超えた共同体を大きく変容させます。駅伝大会前に行う「結団式」にはPTA総会の数倍の保護者が集まり、大会当日までの栄養やスポーツ障害の予防法といった筆者のプレゼンに耳を傾けます。保護者は積極的に応援分担について話し合い、「我々意識」を高めるTシャツや帽子などのレッドデビルスグッズを買い漁っています。数年前までの夜の会合とは180度違う雰囲気です。

3●学校と保護者と地域による実践共同体

結果的に、この駅伝クラブが始まってから子どもの問題行動は激減し、保護者から学校への苦情もなくなりました。教師集団の多忙感は達成感に変わっていました。スポーツの手段的活用としては大成功だといえます。

それどころか、子どもが走る校外のコースでは大勢の保護者や地域の方が「ヒューマンチェーン」で安全確保をしてくれます。近所のおじいさんが正門前の坂の砂を「子どもが走りやすいように」と毎朝掃いてくれます。「いつもありがとうございます」と筆者がお礼を言うと、「こっちが子どもや先生からパワーをもらっているんだよ」というお返事が……。子どもや教師集団だけでなく、保護者や地域住民もH小レッドデビルスに誇りを抱き、能動的・協働的に参加してくれるようになったのです。

問題行動や苦情を減らそうと始めた活動は、マイナスをゼロに戻す以上に「学校（子どもと教師）と保護者と地域による互恵的な実践共同体」として成熟を図っていきました。その成果は、朝日新聞社主催「朝日のびのび教育賞」の受賞にまで至りました。

4●正統的周辺参加による「教師の学び」

正統的周辺参加とは「実践共同体への参加の度合いを増すこと」が学習であると捉える考え方であり、熟達者から新参者に技が伝承されていく過程を重視します。

レッドデビルスでの私の指導対象はもちろん子どもです。と同時に、正統的周辺参加として教師集団も対象にしていました。僭越ながら、筆者（熟達者）の子どもへの指導を、新参者（教師集団）が「見て盗む」という手法です。

200名を超える子どもたちに短時間で一斉指導するため、まず「聴く」ことの指導をしました。「聴かなければ新たな自分は創れない。学ぶことの基礎は『聴く』ことだ」と。子どもへの言葉の裏に教師たちへのメッセージを込めていました。それは駅伝クラブの指導を超えた、授業づくりにも不可欠な「わざ」の伝承です。

「いつも真剣に聴いてくれてありがとう」（褒めて子どもを動かす）

「15秒で話します」（要点を端的に伝える話し方）

質の高い活動を維持しやすくするために、声かけは「がんばれ」ではなく、子どもの名前と具体的フィードバックを意識します。例えば、その日のテーマが「背すじがピーン。猫背はバツ」であれば、「Aさん、背すじがピーンとしてるよ。いいよ！」と、テーマが具現化できている子に大きな称賛をかけるといった具合です。子どもたちは自分も褒められたいのでしょう。その周辺の子たちの猫背も急に直ります。そのような道具としてのコトバで、共同体の「運動」をより良いものに変革していくという「わざ」が、若い教師たちに沁み込んでいくのを期待しました。

全体指導の演示の際は、身体能力は高いものの、自己肯定感が低い子どもたちにさせました。彼らの走りのどこが良いのかを具体的に説明した上で、「Y君はデビルスのお手本です。全員マネをするように！」と伝えます。メンバー全員の拍手を浴びさせながら。

お手本とされた子の多くは、駅伝クラブ発足以前は生徒指導会議で名前が挙がっていた子です。そのような「やんちゃ」君にも承認欲求はあります。教師から褒められ、仲間や後輩たちからも拍手をされて嬉しくないわけがありません。あえて「お手本」と紹介することで、日常生活でも彼らが粗暴な行動をしにくい環境をつくりました。

以上のような筆者の指導行動を長く見せた後、「周辺参加」をしていた若い教師たちに少しずつ「十全的参加」（中心指導）を促しました。正統的な指導現場における参加の度合いを上げていくのです。「来週のメニューをT先生、S先生に任せます」、「来年の結団式のプレゼンはT先生とY先生に……」。複数の教師が担当することで「教え」に関する学び合いも生じます。熟達者の指導を受けている子どもたちに、新参者扱いされないよう本気で学び合う必然が生じます。

T先生がはじめて全体指導した後、次のように言ってきました。「梅澤先生だったら、あのとき何とおっしゃるだろうと考えました」。それを聴いて筆者は「自身がモデリングの対象とされたのだから、誰よりも卓越を探究する姿勢を維持しなければ」と痛感しました。「教えつつ、学ぶ」という「教師の学び合い」を再認識しました。

共同体に正統的に参加する者を増やす、周辺的参加者を十全的参加者へ変えつつ互恵的な共同体へと変革していく。そのプロセスに教師の学び合いが隠されています。

〈引用・参考文献〉

◎レイヴ&ウェンガー、佐伯胖訳（1993）状況に埋め込まれた学習―正統的周辺参加―、産業図書.

第8章 アクション・リサーチによる教師の「学び合い」

1 伝統的な授業研究会の問題

授業力は、現在の教師にもっとも求められる力の一つです。本章は、体育における授業力向上に向けた教師の学び合い、つまり授業研究会について考えていきましょう。

90年代までの授業研究会の在り方は、特定の理論に基づき授業を行い、その指導方法に対して侃々《かんかん》諤々《がくがく》と意見交換をする研究会が中心だったといえます。また、良い授業の共通項を抜き出し、理論・法則化を目指す研究会も広く行われていました。

筆者は、そのような伝統的な研究会が頻繁に行われている頃に小学校教師になりました。自身の「勉強のために」と、地区の体育科の授業研究会で新採用ながら授業者に名乗りでましたが、先輩教師からは「『まな板の鯉』になるんだぞ」と揶揄されました。当時の授業研究会では、できるようにさせるために必要な理論や法則を知っている教師が強い主張を繰り返し、授業者は「まな板の鯉」のように「言われるがまま、されるがまま」が当然だったのです。若手教師にとっては、まな板の鯉研究会は通過儀礼だったのでしょう。事実、そこで多くの知識を先輩教師たちと共有することができました。

しかし、違和感を覚えた授業研究会も存在しました。理論や法則といった教えの話に終始し、子どもの学びの話が一切出てこない研究会です。

「○先生が提唱している□指導法だった」

「△型の学習過程がよかった」

これらの言葉を聞くと、素晴らしい授業だと想像されるでしょう。しかし、授業の実際は、教えありきで学びなし。子どもの活動は少なく、「やらされ感」満載の授業でした。なぜ子どもたちは著明な教育方法・環境の中で学ばなかったのか。そのことについて侃々諤々と意見交換をすべきだったのです。

2 授業で学び合う同僚性の構築へ

21世紀に入ると、教育において「理論と実践の融合」や「同僚性」が求められるようになりました。それは、子どもの学びを内側から変革する実践研究が求められ、学びについて学び合う教師集団が希求されるようになったと換言できます。

筆者は、H小で教師をしながら2004年から博士課程大学院に通うようになっていました。当時の校長先生は、「駅伝クラブ（前章参照）も盛況だし、せっかく体育科教育学を学んでいる梅澤（筆者）がいるのだから、彼を研究推進委員長とした体育科の校内研究を実施しよう」と提案します。

筆者はその任を引き受けるための交換条件を学校長と全教職員に出しました。それは、①授業研究会のために他の会議を大幅に削減し、②年間1人2回の授業を公開する（1回目を授業研究会として開催し、省察を生かして2回目の授業を公開する）というものです。

全員が授業を2回公開するという条件に対し、前向きではない先輩教師がいました。当時H小は、学年で1名の教師が研究授業を行えば済んでいたのです。まな板の鯉研究会が身体に染み込んでいる上に、学級王国を長年形成し続けてきた教師にとっては、「余計なことを言われたくない」という思いが強かったのでしょう。

しかし、H小では若い教師が急増しており、その多くは「他の教師の授業から学びたい」と考えていました。まな板の鯉研究会の方法を改善すれば、教師の学び合いがつくれるはずです。それは、公開に前向きではない教師のもつ理論や「わざ」を若い教師が学び、反対に、若い教師の「授業づくりへの前向きさ」をベテランが学ぶという互恵的な学び合いです。そのような教師の学び合いを誘発するために、次のような方法を提案しました。

＊

・授業づくりは、意味のある「体育の学び合い」を、自己、仲間、教師、モノ、運動・遊び等の関係から構築することを目指す。
・授業者は、学習対象である運動を誘発するための道具（材）やルールを工夫する（立派な指導案および研究報告書は不要）。
・研究会では、授業者の「出来／不出来」を問わない（参観者自身の授業に生かすことを前提とする）。
・研究会では、授業で生じた「学び」を事実に基づいて語り合う。
・授業は、2台のビデオカメラで撮影する。1台はワイヤレスマイクを付けた授業者を同学年の教師が撮影し、もう1台は固定で学習者全体を撮影する。
・研究授業を参観できない教師は、放課後の授業研究会前にビデオ映像を視聴する（全体映像はプロジェクターで投影、教師行動映像はTVで出力し、2画面並べて同時に放映）。

＊

これらのビジョンと研究方略は全教師に受け容れられ、年間30回以上の校内の授業公開が行われるようになりました。授業研究会も毎月1、2回行われ、教師の学び合いが創出されました。

3●アクション・リサーチのすすめ

大学院の1学年先輩には埼玉大学（現東京学芸大学）の鈴木直樹先生がいらっしゃいました。H小では、鈴木先生の提唱する「カード構造化法」（図8-1）を活用するようになります。それはアクション・リサーチと呼べる実践研究の手法だといえます。授業を専門職である教師が共に見とり、協働的に反省的思考を繰り返しながら、より質の高い授業を探究する教師の学び合いです。

H小での具体的手法は、参観者が授業（またはビデオ）観察中に、①子どもの学びについて気づいたことを可能な限り付箋に書き込みます。研究会では、②図（ワークシート）に付箋をカテゴリーに分類して貼り、③授業者と参観者により本実践で生成された学びを見とり、④子どもの学びと教師の教えの課題を検討し、⑤各教師の授業に生かす、というものです。ファシリテーター役の教師は、ワークシートに可視化された授業について、自身や特定の教師が一方的に語るのではなく、研究会参加者に能動的に語り合ってもらえるように対話を誘発します。まさに教師の学び合いの促進者です。

H小の研究会では、図の左下の「問題点の整理」と右下の「改善の方向性」は研究会でまとめるこ

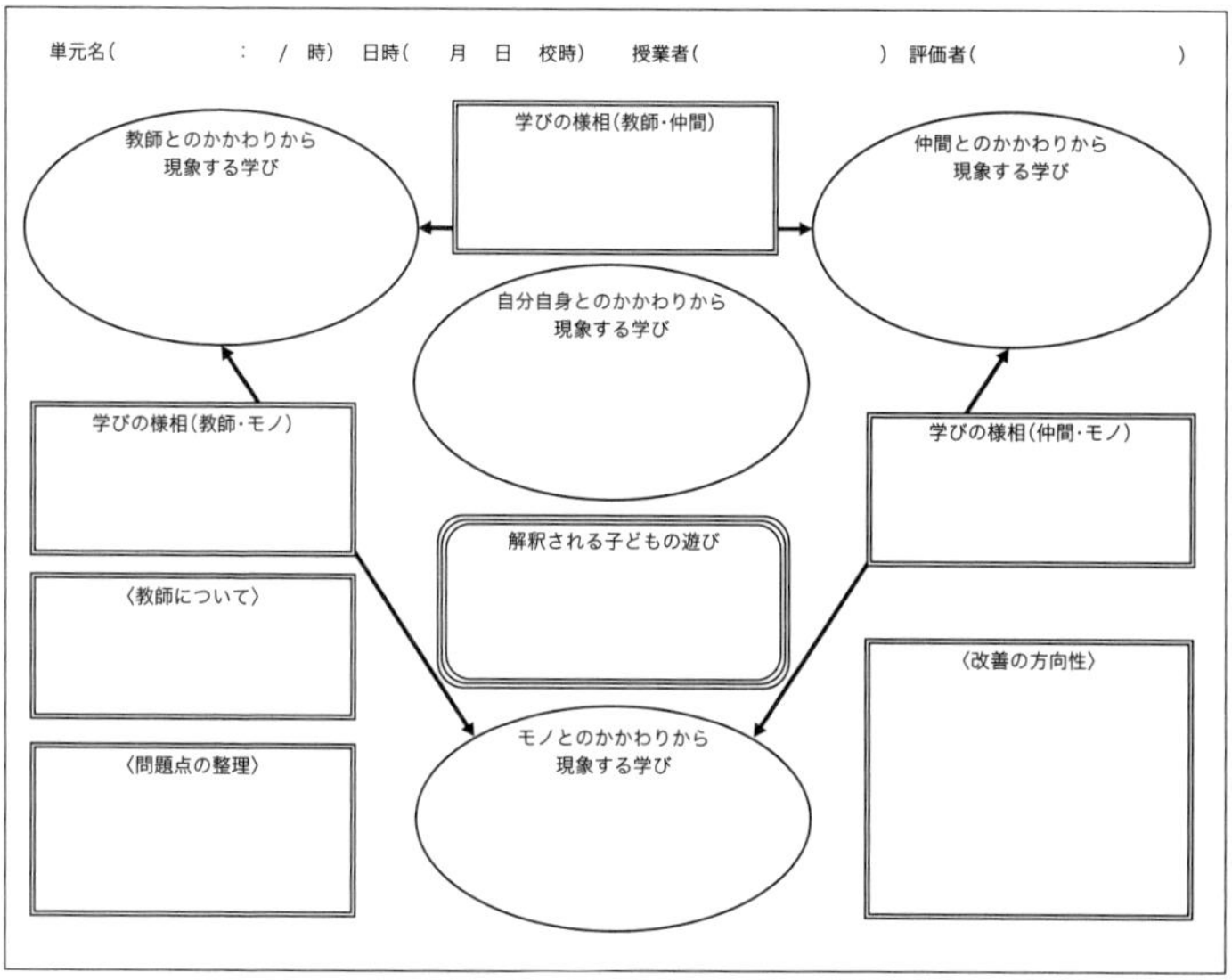

図8-1　カード構造化法で用いたワークシート

とはせず、会の後に各授業者自身が書き込むようにしました。授業者自身が能動的に改善に向けた反省をすることが「省察」です。その能力を育成することが、研究授業以外においても自ら振り返り、より良い授業を繰り返す鍵になると考えたからです。

数年続いたH小の体育科の研究では、研究発表会の授業者が若手からベテラン教師まで「順番待ち」状態となりました。教師が授業力に自信をもてるようになったのでしょう。また、互いの良さを認め合い、修正点を自身の実践に生かし合う「教師の学び合い」によって同僚性も強固なものとなりました。授業を能動的・協働的に省察する教師の学び合いは、授業力向上に資すると考えられます。

〈引用・参考文献〉

鈴木直樹（2005）体育授業の質的分析法の開発、平成16年度埼玉大学総合研究機構、41 - 44頁.

第Ⅱ部

学び合い――実践編

NITTSU

第1章 クラスでベスト！ グループでベスト！ 自分もベスト！

——小学校第4学年「かけっこ・リレー」

実践協力：横浜市立能見台小学校教諭　露木隆夫

第II部では授業実践を中心に取り上げていきます。

子どもたちは競争（競走）が大好きです。しかし、かけっこやリレーでは、単に勝った／負けただけに意識が向き、すべての子どもに味わわせたい運動の特性（面白さ）からかけ離れてしまう授業も少なくありません。

1●学び合いのビジョン

「クラスでベスト！　グループでベスト！　自分もベスト！」という単元名から学び合いにおける露木先生のビジョンがみえてきます。6時間で構成された本単元では、前半3時間で主にかけっこを、後半3時間ではリレーを中心に学び合いが進んでいきました。

単元前半では、露木先生は「疾走感」を運動の特性と捉え、「自分にとってベストの疾走感」を味わわせるために仲間やモノとの対話をデザインしています。単元後半は、前半の疾走感覚をリレーに生かし、グループタイムと全グループの合計であるクラスタイムの向上を目指すプロジェクト学習を実践しました。

本章では、単元の中で見られたかかわり合い・学び合いの視点から実践を紹介していきます。

2●単元前半「かけっこ」――モノとのかかわり合いでコトに誘う

【テーマ】走るとどんな感じがするかな

ランナーは「ただ走るコト」に没頭できます。しかし、走るコトに意味や意義を見出せない子どもは「ただ走らされている」と感じるでしょう。

写真1-1　長いスズランテープを地面につけない

導入である第1時は、モノとヒトのかかわり合いから、走る世界（コト）に誘う授業デザインとなっていました。

①新聞紙を落とさないように走る

②しっぽ（スズランテープ）をつけて走る

ヒト（自己）―モノ―コトとの対話が三位一体となった瞬間が、個人として没頭している学びだといえます。露木学級の子どもたちは、しっぽの長さを変えたり、新聞紙の折り方や置く位置を変えたりと40m程度のコースを何度も繰り返し走り、個の学びに没頭していました（写真1‐1）。

しかし、新聞を落とさない、しっぽを地面につけないという走運動は、多様な運動遊びを誘発する反面、疾走感につながらない活動も生み出しました。モノに意識が奪われ、走るコトから遠ざかる活動が創出され始めます（写真1‐2）。

写真1-2　疾走感につながらない活動

3●テーマに戻す「ターンバック」

そんなときに露木先生がかけた言葉で、活動が大きく変わります。

「今日のテーマは何だっけ？」

子どもたちは「走るとどんな感じがするかな」と答えつつ、走るコトよりもモノ遊びに興じていたことにハッとします。

このようにテーマに揺り戻す教師行動を「ターンバック」といいます。露木先生は「走りなさい」と指示をするのではなく、導入で共有したテーマに子どもたちの意識を戻し、学習活動の軌道修正を図りました。さらに露木先生はつけ加えます。

「どこを見て走ればいいかな？」

「友達と見合ってもいいよね」

これらの教師言語によって、個の学びから仲間

写真1-3　共感的に「共走」

との学び合いにシフトチェンジしました。

「Aさん、前向いて走った方が、スズランテープが浮いていたよ。もう少しテープを長くしたら？」

「すごい。Bさん、風になったみたい」

見合うペアの子も全力疾走で並走しながら声をかけています。共感的に「からだ」が動いているのでしょう（写真1-3）。

露木学級の柔らかな関係性は、あらかじめ学級経営によって構築されており、このような実践によってさらに良い関係に再構築され続けていると考えられます。

4●単元を見通した授業デザイン

第2時では、カーブでの疾走感を共有する学び

写真1-4　全力で逃げる仲間をタッチ

合いがデザインされていました。1周約50ｍの円形の曲走路を左回りだけではなく、右回りでも走る活動です。「無意識の意識化」を図ることで「カーブを気持ちよく走ろう」というテーマに迫ります。

何度も挑戦した後に、気持ち良く走るポイントをクラス全体で共有しました。「体を内側に傾ける」「曲がりたい先を見る」といった無意識の意識化を表現した意見だけではありません。Ｃさんからは「内側の足はかかとから小指の方に体重移動し、外側はかかとから親指側に」といった、仲間が新たに意識してみたくなる意見も出ました。

多様な他者が存在し、互いの運動感覚を共有した上で、何度もチャレンジできる授業デザインが、感覚共有の学び合いには不可欠です。また、この円形の曲走路は、後のリレー学習でのコースになります。今すぐにカーブを気持ち良く走る運動感覚が身にならなかったとしても問題ありません。単元を通じて継続の必然性が埋め込まれているからです。

第3時の「追いかけ鬼」にも、単元を見越した授業デザインが隠されていました。追いかけ鬼は、セパレートコースの中を走ってくる鬼から、約10m先の安全ゾーンまで逃げ切る鬼ごっこです。どこまで鬼を引きつけられるかのギリギリを楽しみます。どこまで引きつけられたかの目印は、50cm間隔に設置した色分けされたミニコーンです。

そうです。この追いかけ鬼は、後のリレーでのバトンパスにつながる運動遊びなのです。第3章でお話しした通り、遊びが成立する3条件は、①「安心感」があること、②「できる／できない」の間を楽しめること、③「勝つ／負ける」の間に存在する心の動きを楽しむことです。それらの条件が揃っている追いかけ鬼は、遊びながらに「ギリギリまで引きつけて全力でダッシュする」というバトンパスの運動感覚を育む典型教材だといえます（写真1‐4）。

5●単元後半「リレープロジェクト」（クラスベストを出そう）
――運動感覚の活用と互恵的協働

「トップスピードでタッチする・される」という運動感覚を培った露木学級の子どもたちは、きっと素晴らしいバトンパスをするにちがいない。そう思っていた筆者の予想は、第4時（リレー1時間目）に大きく外れます。クラスベストを出すためのポイントを全体共有した際に「バトンパスを正確に」という意見が出ました。単なるタッチから「正確＝失敗が許されない」バトンパスへの変更は、すべての子どもたちから「引きつけてダッシュ」を奪い去りました（写真1‐5）。

第5時（リレー2時間目）で、露木先生はウォーミングアップで追いかけ鬼を取り入れ、引きつけてダッシュの運動感覚を再度引き出します。やはり子どもたちは楽しそうに全力でダッシュし、タッチしたりされたりしています。

「この追いかけ鬼の感じでバトンパスしてみたら」

この露木先生の言葉でバトンパスは劇的に変化しました（写真1‐6）。運動感覚の活用を促す教師言語です。また、追いかけ鬼をバトンゾーンで行ったことも有益だったと思われます。鬼ごっこに真正性が生まれたからです。

クラスベストを目指す協働的なプロジェクトは、互いの成長がいずれもメリットにつながるという点に教育的な意義があります。勝った・負けたでグループ間が敵対関係に陥りやすいのがリレー学習です。露木学級では、他グループのベスト更新を喜びつつ、「自分たちも負けないぞ」という心地良いライバル関係が創出されていました。それは、互いに高め合っていく学び合いが創出されていたことにほかなりません。

写真1-5　ダッシュのないバトンパス

写真1-6　追いかけ鬼を活かして

第2章 モノ・ルールの環境デザインとリスペクトによる学び合い

――小学校第2学年「ゲーム」

実践協力：横浜国立大学附属鎌倉小学校教諭〈現同大学大学院〉 矢邉《やなべ》洋和

矢邉先生は、子どもたちが運動自体の面白さに夢中になってのめり込み、必然的に学び合うというターゲット型ゲームの授業デザインをしています。運動の特性を、攻撃側はボールを投げて的を倒す、守備側は倒させないという攻防の瞬間の面白さと捉え、授業を構成しました。

1●ケア的なモノの導入

まずは、のめり込みを誘発するモノに注目しましょう。使用するボールは、2年生の小さな手に収

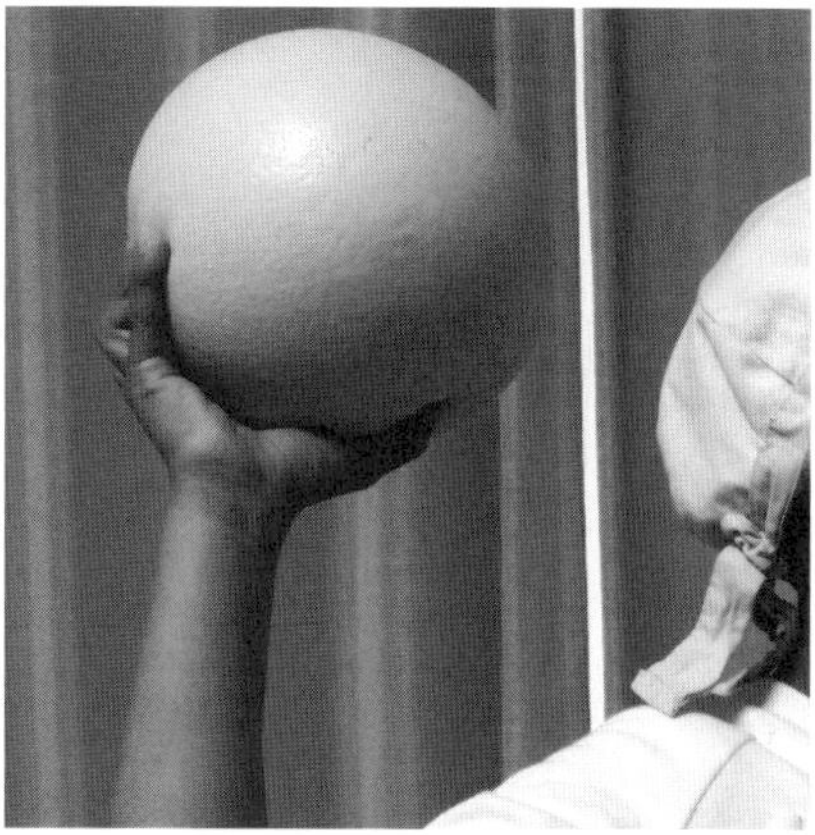

写真2-1　ケア的なボール

写真2-2　ケア的なモノで誘発されるダイナミックな守備（コト）

まりやすい直径約16㎝程度の小さなモノです。また、マイボール制にして攻撃側の児童一人に一球持たせているため、何度も投げる、大切に投げるという活動を引き出しています。

ボールはスポンジ製で柔らかく、「痛くないよ、怖くないよ」というケア的なメッセージを発してくれています（写真2-1）。そのような共感的なモノは、ダイナミックな守備側の活動を誘発するために有効だといえます（写真2-2）。

さらにターゲットは、段ボール2つを組み合わせた大きな的です。当て易い大きな目標物に向かって、身体全体を使って思い切り投げてほしいという教師の願いが込められています。「バーン」と的を倒す心地よさを味わった子どもたちは、ますます的に向かって投げる学びにのめり込んでいきます。

矢邉先生のゲーム中心の授業空間は、音によっても演出されています。

社会全体が、誰にとっても優/易しいユニバーサルデザインのモノを活用するように変容してきています。すべての子どもを対象にしている体育においても、「共感的なモノ」を活用し、運動世界に誘うことが大切です。

2 競争的なモノの排除

子どもたちは競争が大好きです。しかし、「勝った/負けた」という結果だけに意識が奪われ、その過程に生まれた心踊るスポーツ運動の瞬間を忘却しがちです。

矢邉先生は、数値や結果の勝敗ではなく、「的を倒す／倒させない」という局面の勝負にこだわってほしいと考えました。ゆえに、結果で競争させるモノである「得点板」を排除しています。研究会での自評では次のように話されました。

「得点板がないと、勝敗がはっきりせず、子どもたちは一生懸命にゲームをしないのではないか、という疑問を感じる方もいらっしゃるでしょう。しかし、そんなことはありません。運動に浸れる他の要素が揃っていれば、得点板がなくても子どもたちは夢中で運動に取り組みます。むしろ、得点板がない方が、『最後に1点入れてもどうせ追いつかない』といった思考を生まないため、最後の1秒まで『倒す／倒させない』の攻防を続けます」

本実践は、矢邉先生が川崎市の公立小学校から横浜国立大学附属鎌倉小学校に異動した1年目の研究会での授業です。多くの川崎の先生が参観されている中、矢邉先生は次のようにお話しされました。

「僕が川崎時代に皆さんにお伝えした『得点板の作り方』のレクチャーは忘れてください（笑）」

3●個の学びをチームの学び合いに

自己中心的な低学年の子どもたちにとって、「チーム」とはどうあるべきでしょうか。

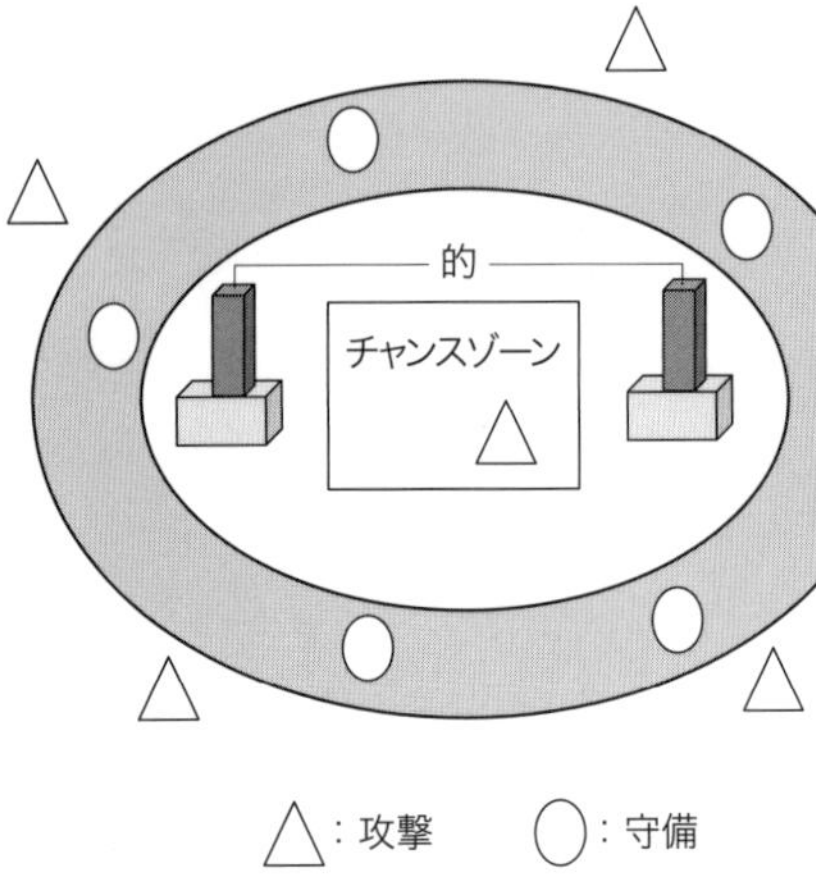

・攻撃は外側ラインの外からシュートし、的を倒す。
・守備は守備エリア（濃い色）内で的を倒させないように守る。
・攻撃側の1人だけは、常にチャンスゾーンにいてパスを受けてシュートができる。

図2-1　コート図

矢邉先生は、低学年では、まず「個」を大切にすべきだと考えます。彼／彼女らにチームを強調しすぎると、仲間同士の話し合いばかりに傾斜し、個々に運動とかかわり合う必然性が乏しくなるからです。もっとも「からだ」が耕される時期だからこそ、すべての子どもに心踊る投運動をたくさん体験させたいと考え、マイボール制としているのです。

しかし、マイボールを各自やみくもに投げているだけでは、ゲームとしての学びが成立しているとはいえません。低学年といえども、他者とのかかわりや協働、チームプレイに触れさせたいものです。そこで矢邉先生は、個の成長を重視したマイボール制を残したまま、パスを導入することにしました。

コート（図２－１）の中央に攻撃側の一人（こ

写真2-3　引きつけてループパス

の人はマイボールなし）が入るチャンスゾーンを作り、パスを受けられるようにしました。この子にパスが通れば、守りの邪魔が入らず、ノーマークでシュートができます。「パスをすればチームに良いことがある」という実感をもたせたいという教育的意図がみえます。

青グループでは最初、いわゆる運動ができるA男がチャンスゾーンに入って、思いっきりボールを投げつけていました。段ボールの的は吹っ飛び、気分が良さそうな顔をしています。しかし、しばらく活動すると、A男は的を倒しつつも、つまらなそうな顔に。

A男にとっては、常に「できる」活動ゆえに、「遊びの条件」である「できる／できない」の間の面白さを感じにくくなったのでしょう。

このグループでは中間の話し合いの後、外からではほとんど的を倒せなかったB子をチャンスゾーンの中に配置します。「俺が守備を引きつけるからみんな投げろ」――。A男は、自身にマークがついてシュートがしにくいと感じると、B子に向けて易しいループパスやフェイントを入れたパスをします（写真2－3）。「仲間に配慮したパスで相手の防御線を突破する」という学びが生まれた瞬間です。そして、その優しさが込められたパスを受けたB子は、外ではなかなかできなかった、バーンと投げ倒す運動に没頭していきます。一方、A男は守備を翻弄するアシストに意味を見出し、夢中になっています。

このルールを用いたゲームは、パスの導入であると同時に、多様な他者同士の互恵的な学び合いへの誘導ともいえます。

モノ、ルールといった学習環境を子どもの実態に合わせて丁寧にデザインすれば、低学年でも豊かな学び合いを見せてくれるという好例です。

4 相手チームとの協働ふりかえり

本実践での学び合いの誘発は、ふりかえり活動にもあります。

「もっと□□してよ！」

「次は、こうしよう。いいよね？」

写真2-4　相手チームの良かったところは……

これらのように、一般的なふりかえり場面では、技能が高い子や発言力がある子が、トップダウンで自身の考えを押し付けて終わる傾向にありませんか。

矢邉先生は、認め合いやアドバイスの言葉がいろいろな子どもたちから出てきてほしいと考え、他者の動き、すごさを、身をもって体験した相手チームと共にふりかえる活動をデザインしています（写真2‐4）。

相手チームからかけられる賞賛の言葉に、誰もがパッと笑顔になります。認め合いの言語と笑顔が連鎖し、両チームでつくったふりかえりの輪の雰囲気はとても柔らかく温かです。チームを超えた互恵的な学び合いといえます。

体育以外でも何かとライバル関係にあるC男とD男。ゲームでは共にヒートアップし、互いを的としているような投げ合いを始めました。しかし、ふりかえりの場面では、相手の球速、球威を賞賛し合い、「D男、握手だ」（C男）と、二人共満面の笑みで握手を交わしていました。

相手がいなければ、ゲームは成立しませんし、自分（たち）も成長しません。相手は「敵」ではなく、互いに成長し合うために「尊重すべき存在」です。C男とD男は見事にそれを体現していました。

5●学び合いが生む「互恵性」

「的は、『攻め』でも『守り』でも誰が拾って直してもいいんじゃない？」――子どもたちがルールをつくる中で出てきた言葉です。子どもたちは、結果の勝敗よりも、ゲーム中の「的を倒す／倒させない」という攻防の瞬間の面白さをたくさん楽しみたいと考えたのでしょう。ゆえに、守備の子が直しても良いという考えに帰着するのです（写真2－5）。また、「落ちているボールは、攻めの子にやさしく渡してあげる」という分業的な約束も創出されていました。

＊

本実践では、モノ、ルールといった環境デザインに加え、自己と他者との関係デザインが学び合いを創出しました。

「すごく本気がでた。それはチームのおかげ、あい手のおかげ。あい手がいてくれるからやる気、

写真2-5　守備が的を直す

本気がでる」（C男）

チームの仲間や相手チームとの間に生まれる「リスペクト（尊重・尊敬）」が、勝敗を超えた、運動と自己と他者が一体となった「いま―ここ」の面白さにのめり込ませていくのでしょう。

第3章 身体的共振をベースにした探究と表現
――小学校第1学年「表現・リズム遊び」

実践協力：横浜国立大学附属横浜小学校教諭〈現同大学大学院〉 濱地 優

「たくさんのおきゃくさまが見にきてくれたね～」

「ようし、○○ダンスからいこう」

坊主頭に大きな瞳。大学まで体育会ハンドボール部で鍛えていた風貌とは不釣り合いな優しい声とオーラ。三桁はいるであろう、研究授業参観者に濱地先生の声は届いているかどうか。いや届いていなくてもよいのです。濱地学級の1年生全員は濱地先生の顔をしっかり見て、声を聴こうと努めているからです。

本実践を一言で表現すると「身体的共振」に溢れた授業です。自己と他者の身体が運動と一体となった状況をお伝えします。

1 教師の身体性の伝播

「教師のオーラ」や「学習空間のムード」。いつの時代のどんな教育方法においても授業における大切な要素だと筆者は考えます。数値化しにくいそれらに直接的に影響を与えるのが教師の「身体性」でしょう。身体性とは、心と体が一体となった、その人そのものだといえます（ここでは、身体性を「まるごとの『からだ』」という意味合いを込めて、以下「からだ」と表記します）。

最初の「リズム遊び」では、濱地先生自身が「からだ」を解放し、大袈裟すぎるほどのリズムダンスを披露しています。子どもたちも全員が楽しそうに、かつダイナミックに先生のダンスを真似ています。もう彼／彼女らに「おきゃくさま」は見えていません。私（自己）と先生（他者）とリズムダンス（身体活動）の三位一体の没頭空間が生まれているからです。

教師が眉間にしわをよせ、椅子に座ったままエンマ帳を片手に「踊りなさい」と言っても、このような没頭空間は生まれません。子どもたちは、音楽がかかり、決められた動きを習得しているならば、踊れるでしょう。しかし、教師の顔色をうかがったり、「踊らされている」という意識が芽生えたりしている状況では、夢中で取り組んでいる没頭空間とはよべません。

濱地学級では、先生自身が「からだ」でリズムダンスの世界に浸りつつ、すべての子どもの「からだ」を拓いているといえます。「教育は人なり」と言いますが、低学年の子どもにとって、教師は暗黙のうちにさまざまな感化を与える重要な他者です。このような「身体性の伝播」(「からだ」のうつし)によって運動世界に優しく誘えるのが、低学年体育における学習指導での醍醐味です。

2●子ども同士の「からだ」のうつし合い

「先生あのね」と、他の子がすでに話した内容と同じことを何人も続けて報告してくるのが、低学年の特徴です。自己中心的な低学年の子どもにとって教師は絶対な存在です。しかし、親や先生といった大人以外の他者、すなわち仲間同士のかかわり合いにも意識を向けさせる必要があります。

濱地先生は、前で自由に踊り、真似をされる役を数名の子どもたちに順番に任せます。前に出た子たちのちょっと変わった動きや身体表現に、真似をする側の子どもたちも終始笑顔で応答しています。その様子は、まるでうつし鏡です。

「バンザイ」「バンザイ」

「ジャンプ」「ジャンプ」

「横への移動」「横への移動」

写真3-1　子ども同士の「『からだ』のうつし」

少しずつ、動きが大きくなっていくのは、私とみんなの間に生まれる「動きの一体感」を「真似をされる役」の子が愉しみ、全員でその一体感を共有しているからでしょう。私とみんなと運動が一体となっている瞬間です。たくさんの「おきゃくさま」の前でも臆せず踊れる子、多様な動きを表現できる子。濱地先生の子どもの見とりとチョイスによって、子ども同士の「『からだ』のうつし」とよべる学び合いにスライドしました（写真3－1）。

このような全体の学び合い場面では、機械的・強制的にすべての子を前に出すのは得策ではありません。前に出された瞬間に多くの「おきゃくさま」に気づき、没頭空間から外れ、「からだ」を閉ざす子がいるからです。残念ながら「閉鎖した『からだ』」も伝播してしまいます。

写真3-2　笑顔も動きも伝播し合う「身体的共振」

しかしながら、多くの子に、単に受動的に動くだけでなく、創造的に身体表現をする（真似をされる）役を与えたいものです。濱地先生は、少人数に分かれて活動する場面を設定し、あえて注目が集まりにくい雑多な学習空間をデザインすることで、全員に創造的な運動の必然性を与えました。

見るからにおとなしいA子は、恥ずかしそうに左右に歩いたり、手を広げたりと「真似をされる役」を小さく演じていました。すると、同じチームのB男やC美らがA子の動きを誇張するように笑顔で表現を返します。声には出していませんが、筆者には「A子、こうやって大きくうごいてごらん」「大きくうごくとたのしいよ」という身体メッセージが聴こえた気がしました。おそらく、それらのメッセージは、A子の「からだ」にも聴こえたのでしょう。メンバーの距離が近づくのと比例してA子の動きも大きくなり、笑顔が生まれています。A子が笑顔になればなるほど、他のメンバーもより笑顔になり動きもダイナミックになっています（写真3-2）。

このように自己と他者の「からだ」が双方向的に応答し合っている状況を身体的共振といいます。「動きを伝達する」という冷たく一方向的な関係では身体的共振は生まれません。B男やC美が、ケア的で明るい「からだ」でA子をまるごと受け容れ、A子が「からだ」で応答した結果、表現遊びの空間に誘われていったと考えられます。

3●絵カルタでの創造と協働

学習指導要領の「表現遊び」では「特徴のある具体的な動きを多く含む題材」としていくつかの例示が挙げられています。これらは、子どもが動きのイメージをしやすく、取り組みやすい特徴があります。

しかし、濱地先生は、「それぞれの題材において子どもが同じような動きになってしまうことが過去の実践で多くあった」と話していました。本単元においては「もっと多様な表現を引き出したい」と考え、オノマトペと抽象的な絵で構成されている絵本『もこ もこ もこ』（谷川俊太郎）を取り上げ、授業をデザインしています。具体物やそのものの動きに限定されずにイメージを膨らませ、いろいろ

写真3-3　さまざまな「もこ」を探究

な動きが出てくるだろうと考えたからです。

ところが、単元当初、絵本のページを見せても、子どもたちのイメージは広がらず、一部の仲間の動きを真似することに終始していました。そこで、濱地先生は、創造的な動きを称賛し価値づけるように努めます。大好きな先生に認められたいのでしょう。「せんせい、こんなうごきができたよ」「これは大きなうごきだよ」と子どもたちは多様で大きな表現を創出するようになります(写真3－3)。附属横浜小学校では「よりどころをもって考える力」を全教育活動で大切にしており、濱地先生は「なぜそのような動きをしているのか」という根拠に基づいてイメージを広げる言葉がけや問い返しをし始めます。

「天国に上る階段のように」「体を蛇のようにして」「『もこっ』の小さい『っ』があるからいきお

写真3-4 「もこ　もこっ」を探究し表現する

いをつけて」など多様な根拠に基づく、動きの創造性が見られるようになりました。

濱地先生は、単元の後半になると、二人、三人と人数を増やして動きを表現する学習デザインをしています。個での創造的な学びも大切です。それに加え、目的を共にする「チーム」での創造を課すことで、協働の必然性が生まれます。自己と他者と表現運動が一体となる学び合いです（写真3-4）。

仲間と共に行えば、自分だけではできない・気づけない多様な表現を創出できます。濱地先生は、『動きの耕し』『からだの耕し』のための学び合い」を大切にしています。

4●身体的共振を生み出す学級経営

濱地先生の学級経営の根幹は「共感、共生」です。「受け容れられる心地よさを感じる体験」を基盤とし、「個と他者が相互に影響し合いながら、共に学びをつくりあげようとする子どもがはぐくまれる学級経営を行う」ことを自身の哲学としています。その実現のためのビジョンとして「表現する友達を受け容れ合うクラスづくり」を目指しており、具体的方略として「安心してかかわり合える場づくり」のために「『聴き名人』になろう」を学級全体のテーマとしています。

濱地先生は、名の通り、「優」しさ溢れる「からだ」を有しています。受け容れてくれる身近で重要な他者（教師）の存在が、濱地学級のすべての子どもたちの「からだ」を拓いています。その拓き合った「からだ」ゆえに、低学年の子ども同士でも双方向的な『からだ』のうつし」である身体的共振が生まれるのでしょう。

第4章

「この子」とチーム・クラスのケアリング

――小学校第5学年「ベースボール型ボール運動」

実践協力：元横浜国立大学附属横浜小学校教諭〈現川崎市立宮崎台小学校教諭〉 上谷 圭

「今日、あの子と会話をしたかな？」

一部の子どもとまったくかかわらずに一日が終わったという経験はありませんか。筆者は自戒を込めつつ、日々の忙しさに追われ、クラスのすべての子どもを丁寧に見とれないのは教師として残念だと考えます。

本章では、授業中は目立たず、仲間や教師と積極的にかかわらない「この子」に着目し、「この子」と共同体（チーム・クラス）とのケアリング関係から、それぞれの成長につなげる実践例を紹介します。

1 附属横浜小学校の研究

同小学校では、長年「共に学びをつくりあげようとする子どもをはぐくむ学校」を目指して主体的・協働的な学習指導の在り方を探究し続けています。近年では「この子」を特定し、個（この子）と共同体が互恵的に学びをつくりあげる学習環境のデザインを大切にしています。

「この子」には、長い時間を通じて着目する「クラスのこの子」と、授業の文脈に応じて毎時間設定する「本時のこの子」がいます。

上谷先生は、2学期後半以降、Aさんを「クラスのこの子」としました。Aさんは、運動は得意ですが、授業中に笑顔がほとんどなく、一学期は仲間のことを自分ごととして捉えられない子でした。一方で、「根拠をもとに自身の考えをもつことができる子」でもあります。

そこで、上谷先生は、Aさんとチーム・クラスメイトとのケアリング関係を構築するはたらきかけをしようと考えます。学校体育におけるケアリングの基盤は、「他者を自身の一部のように捉え、心を砕いたかかわり」をもとに、双方向的にケアを与え合う関係性です（梅澤2015）。

つまり、上谷先生は、多様な他者を互いに受容し合う中で、次のような互恵的な学び合いの姿が創出されることを願ったのです。

①Aさんは、他者の思いを受けとめた上で、自身の考えをもてるようになる。

②チーム・クラスメイトは、Aさんの根拠に基づいた考えを共有できるようになり、思考の幅が拡がる。

しかし、Aさんと仲間がかかわるだけでは、学習対象である「ベースボール型」との対話が不問に付されます。そこで、上谷先生はクラスの実態に応じた教材研究を進めました。

2●上谷学級の「ベースボール型」の特徴

ベースボール型のボール運動は、モノをモノで扱うという点で小学校の体育においてはもっともスキル的な難しさを有している内容の一つです。また、上谷学級では、「野球」に対し「ルールの難しさ」を感じている子も多くいました。さらに、ボールが小さく、打球が速いため運動が苦手な子は恐怖心も抱いているようでした。一方で、学級内には、少年野球に勤しんでいる子もいます。つまり、上谷学級において「ベースボール型」は、学習者のレディネス格差が非常に大きいのが特徴だといえます。

他領域以上に、チャンピオンシップスポーツとレクリエーション的スポーツの間にある学校体育として、多様な他者同士のコミュニケーションと運動自体の特性（面白さ）を味わい合う学習デザインが求められました。

3●モノとルールと運動の特性

学習対象である「打つ」「捕る」「投げる」「走る」などのスポーツ運動の瞬間の面白さに子どもたちが没頭するためには、優／易しいケア的なモノやルールが不可欠です。

上谷先生は、クラスの子どもたちの状況を念頭にボールやバットを選択しています。条件は、野球少年の打球が飛びすぎず、かつグローブなしでも捕球ができる「ケア性」があること。しかし、打ったときの手応えが感じられ、全員が「打つ」面白さを味わえる「超越性」も同時に大切にしています。

また、ボールとバットをそれぞれ素材や大きさ、重さの異なる5種類以上から、クラス全員にとってより良いモノとそのマッチングを探求していました（写真4－1）。

さらに、止まったボールを打つティーボールとすることで、運動が苦手な子へのケアとなるだけではなく、打つ方向や守り方などの戦術的な高まりが期待できると考えました。

ベースボール型の面白さの一つは、ベースをめぐる攻防にあると上谷先生は考えます。攻撃では一つでも先に進塁し得点する面白さ、守備では一つでも進塁を防ぐ面白さがあると考え、学習者の走力と投力、ボールの飛び具合などを鑑み、塁間の距離を決めていました。

優れた見とりと反省的修正で、ベースをめぐる攻防における「アウトとセーフのギリギリの面白さ」を演出しています。

写真4-1　自分に合った高さの「ティー」で「『打つ』面白さ」に没入しやすくする

写真4-2　教えながら共に「からだ」が動いてしまう

4●チーム内での学び合い

先述した通り、ベースボール型は能力格差が明瞭な運動領域だと考えられます。そのため、いわゆるスキルアップのための学び合いも不可欠になります。どんなに優しい仲間同士の関係性があったとしても、いつも「できない」状況では、運動に没頭しにくいものです。守備では仲間のカバーリングが可能ですが、攻撃での打つ瞬間は必ず一人で行わなければなりません。また、全員の注目を浴びる瞬間でもあります。

そこで、上谷先生は、チーム内でのスキルアップの時間と場をデザインしています。ボールを拾いに行く時間を減らすため、ネットに向かってティーバッティングをします。

チームメイトの成長は、自チームのレベルアップにつながりますが、それだけではありませんでした。ふりかえりカードには次のようなコメントがあります。「〇さんに『ボールを最後まで見て』と教えたことで、自分もあらためて意識できました」。また、単なる一方通行の「教え」を超えて、一緒に「からだ」が動いてしまう身体的共振も見られました（写真4－2）。

読者にも、「他者への『教え』の半分以上が自己に向かっていた」という経験があるのではないでしょうか。「教え」という行為が自身の「学び」になり、チームとしてのレベルアップという互恵性の存在が、チーム内での学び合いには必要です。さらに、チーム内ゲームを単元前半に設けることで、真正なゲーム場面での学び合いが誘発できます。

5●Aさんとチームメイトとの学び合い

いつもはおとなしいAさんが、単元前半にチームメイトに対してアドバイスをしました。そのときの表情は硬かったものの、大きな変化だと感じた上谷先生は、すかさず称賛の声かけをします。

Aさんは、「一塁を守っているときには、打者が一塁を通過した後、その動きを見て、ホームベースのカバーに入ることが大切」と気づいたのです。それが守備の仲間に安心感を与え、たとえエラーをしたとしてもカバーによって進塁を最小限に食い止められるからです。

上谷先生は、仲間の安心のために動こうとするAさんの気づきに成長を感じます。単元前半はチーム内ゲームが学習の中心であったため、チーム内でのふりかえりで意見を言うようにAさんにはたらきかけました。「他者の安心感のため」というAさんによるカバーの提案は、チームワークの高まりに貢献することになり、Aさんは「仲間から受け容れられている」という笑顔を浮かべるようになりました。

6●上谷学級のクラスワーク

上谷先生は「自分だけが楽しい体育ではなく、クラス全員が楽しい体育学習」を目指しています。そのため、自分たちのチームで考えた作戦を最後にクラス全体で共有する時間をとります。単に、自チームだけの勝利を目指すのならば、作戦は非公開にした方が効果的です。しかし、「学校体育は、勝敗のためのチャンピオンシップスポーツではなく、私たちのスポーツを創造的に実践する場」だと上谷先生は考えています。そのビジョンはクラスの子どもたちに浸透しています。

学級全体の共有場面で指名され、仲間のためのカバーの大切さを述べたAさんは、ここでもみんなから称賛を受けます。

他者に心を砕いて行う行為がケアリングです。Aさんのカバー提案は、まさにケアリング実践の提

写真4-3　ケアリング関係の中で育ち合う

言です。また、クラスメイトは、ほとんど人前で話さないAさんの発言をケア的に受容します。体を向けて、頷きながら傾聴しています。ケアリング関係が構築されたムードを感じたAさんは、はにかむような笑顔です。それはAさんがより一層「仲間のために」という思いを強くした笑顔だと筆者には映りました。

さらに、「Aさんの意見に付け加えて」と、各々の経験をもとに、走者に合わせた動きや先を見越した動きなど、戦術上の工夫を共有する発言が続きました。

自分たちで実践し、根拠をもとに思考する中で気づいた良さや修正点を共有し、新たな学びを共に創り上げていくという「学び合い」は、アクティブ・ラーニングの一手法だといえます。

単元後半になると、「この子」Aさんは常に笑顔で、「深く」「対話的で」「主体的な」アクティブ・ラーニングを支える一人になっていました。
個と共同体の成長を同時並行的に成し遂げる鍵の一つは、「他者を自身の一部と捉え合う」ケアリング関係の構築だと考えられます。お気づきの通り、そのような学習者のケアリング関係の構築には、すべての子どもを丁寧に見とれる教師の存在が欠かせません。

〈引用・参考文献〉

梅澤秋久（2015）学校体育における教育学的ケアリングの地平、日本女子体育連盟学術研究31.

第5章 中学校保健体育科の授業づくりと学び合い

——中学校第3学年「バレーボール」

実践協力：横浜国立大学附属鎌倉中学校教諭　関　正紀

中学校の保健体育科教師の多くは、学生時代まで運動部活動に勤しみ、教師になった後も部活動の指導に情熱を注いでいらっしゃるのではないでしょうか。本実践協力者の関先生も、附属鎌倉中学校に赴任するまでは、授業づくりよりも部活指導に情熱を注いでいたそうです。

本章では、中学校での保健体育科の授業づくりと学び合いについて考えていきましょう。

1 ●保健体育科教師の情熱と課題

関先生は、１年３６５日のほとんどを部活指導で明け暮れていたということです。中学校教師の超過労働による健康被害が問題になっていますが、関先生からは多忙感や徒労感は感じません。それは目的を共にした集団として充実感や達成感を共有できる「チーム部活」としての関係が構築されていたからでしょう。

ところで、筆者は毎年勤務している大学の学校教育課程の学生に「教師」に関する聞き取り調査をしています。中高の保健体育科教師を目指す学生の多くは、中高の部活の顧問に憧れています。正確には、「顧問Ａが憧れ抜いているスポーツ世界Ｂに、生徒Ｃが憧れる」という感動的な三者関係に憧れているのでしょう。

しかし、「保健体育科が嫌いだった」という他教科を専門とする学生は、保健体育教師に憧れどころか嫌悪感を抱いている場合が少なくありません。ある学生は、自身が教わった保健体育教師像について次のように回答しました。

＊

「中学時代の体育教師は、部活では有名だったらしいのですが、『頑張ればできる』と信じて疑わない、できない生徒の気持ちが分からない残念な人でした。熱いのは分かりますが、『頑張れ』、『やれ』だけでできるようになるならば、体育教師はいらないと思っていました。体力テストの平均を気にするなど、生徒のためというより、自身の指導力の誇示のために私たちにやらせていたように思えます」

＊

「運動部活動」という枠で教員採用試験を合格された先生は存在しないはずです。また、中高では、運動する子としない子の格差が問題となっています。さらに、運動をしない子や嫌いな子の一部は保健体育科教師の部活指導さながらのガンバリズムに辟易としているのです。

これからは、保健体育科教師のもつ情熱をすべての子どもを対象にしている保健体育科の授業づくりにも向けていく必要があるといえます。

2●授業づくりに向けた教師の専門職性

教師の専門職性が改めて問われる社会になってきています。現在、多様な専門性と連携し、学校組織全体を支える「チーム学校」に向けた整備が推進されようとしています。筆者は、スクールカウンセラーや栄養教諭、学校司書等の学校への積極的配置は重要だと考えています。学校事情によっては、部活動の外部コーチも必要かもしれません。しかし、学校を再構築する上でもっとも重要なのは「チーム教師」による学び合いでしょう。チームとして機能するためには、教師が学習指導の専門家として教科の垣根を越えて同僚と学び合い、学校教育目標達成のための哲学とビジョンを共有していくプロセスが重要だと考えます。

ＩＬＯ（国際労働機関）では教師は教育専門職だとされています。しかし、ウィキペディアの「専門職」の一覧には、教師は入っていません（２０１6年4月現在）。残念ながら日本の教師は、社会一般的には専門職扱いされていないのです。ゆえに、これからの教師は、自身（たち）の教育実践の成果で専門職性を維持・発展させ、専門職としての地位を確立していかなければなりません。

3●附属鎌倉中学校の授業づくり

中学校、高等学校の研究会は、小学校以上に教科の専門性が問われます。しかしながら、全教科の教師で研究を行う場面も大切にすべきでしょう。具体的には、教育実践の哲学とビジョンを構築していく場面です。目前の生徒の実態や社会的要請を踏まえて教育全体の方向性を決定していく過程に教科の枠は不要だからです。この多様な同僚間の合意形成過程が、教科のガラパゴス化を防ぎ、教師の「学び直し」を誘発すると考えられます。

附属鎌倉中学校においても、研究推進全体会で校内の研究テーマを設定し、それに準じて各教科の実践研究を推進していきます。保健体育科では、鈴木孝宗先生が研究推進委員を担っています。一般校から赴任されたばかりであった関先生と鈴木先生のお二方を中心に保健体育科の授業づくりがなされていました。

関先生は、初めてお会いした際、「理論的なことは分からないので、鈴木先生に教えてもらいながら、授業について考えていきます」と話していました。関先生は鈴木先生よりも歳上ですが、この謙虚さと「できない（わからない）ことをできない（わからない）」と言える関係が素晴らしいと感じたことを覚えています。

「できない・わからない」ことを言い合い、共有し、より良い答えを協働的に探究していくのが「学び合い」です。これは生徒間でも教師間でもまったく同じです。中学校、高等学校の学校現場で散見する「過度な体育会系的な上下関係」を排し、知的謙虚さを持ち寄ることが、保健体育科教師の学び合いには必要だと考えられます。

4 中学3年生のバレーボールの学び合い

附属鎌倉中学校の保健体育科では原則男女共習です。性差も個人差も社会においては当然と捉え、多様な他者とコミュニケーションを図りつつ、そのスポーツ運動に内在する面白さに没入させていくことを大切にしています。

本実践が行われた平成26年度の附属鎌倉中学校の保健体育科の研究主題は、「生涯にわたって運動に親しむ資質・能力の育成を目指した学習内容の工夫」でした。全生徒が「できる」と「できない」の間を愉しみ、主体的・協働的に自チームの課題を発見しつつ、バレーボールの特性を学び合っています。

本時は、「チーム全体が連携する動き方を考えよう」をテーマに、相手チームからの易しいアンダーハンドサーブで始まる「チャンスゲーム」を中心活動としていました。

各チームに渡してあるiPadを壁に固定し、自チームのミニゲームの様子を撮影します。生徒たちは、ゲームをしているか、iPadをもとに協働的に振り返る（写真5‐1）かの活動をしているため、非常に効率的に学習が進んでいきます。

あるチームのiPadでのふりかえりでは、次のような意見が出されていました。

＊

A「みんなボールの所に固まるね」
B「みんなレシーブに行くけど、自分じゃないと思うと、体をそむけるね」
C「そむけちゃうから、レシーブ失敗したときのカバーができないんじゃない？」
D「自分じゃないと思ったら、レシーブする人の方を向こうよ」
E「ゲーム前に練習してみよう」（写真5‐2）

写真5-1　iPadで協働的・対話的に振り返る

写真5-2　レシーブする人の方を向こう

生徒がテーマに基づく対話を実践できるのは、全校の研究テーマとして「学力三要素をバランスよく育てる指導と評価」を掲げ、全教科で、知識・技能の習得だけでなく、それらを活用するための思考力、判断力、表現力、および主体的に学ぶ態度の育成に取り組んできたからでしょう。まさに専門職集団としての「チーム教師・学校」の成果だと考えられます。

＊

5●学び合いをデザインできる教師に

「学ぶことをやめたら、教えることをやめなければならない」（ロジェ・ルメール、元サッカーフランス代表監督）

21世紀の保健体育科教師が学ぶべきは、多様な他者同士の学び合いのデザインです。競技的な能力の向上や体力テストの平均値を上げることに躍起になっていては「運動をしない」生徒をますます増加させかねません。しかも、そのような教師は、一部の生徒には「残念な人」と見透かされている場合もあるのです。

多様な生徒同士の学び合いを創出していくためには、目的を共有した「チーム教師・学校」としての同僚との学び合いが必要でしょう。

そのためにまず、保健体育科教師としての自己を形成してきた「体育会系の鎧」を外してみませんか。

その上で、初めて取り組むスポーツのように、学び合いのデザインがうまく「できる／できない」の間の面白さを堪能してみてください。失敗を恐れる必要はありません。これからの専門職性を高めようとしないことこそ失敗なのですから。

第6章 身体的リテラシーと運動感覚の学び合い

――中学校第1学年「器械運動」

実践協力：横浜国立大学附属鎌倉中学校

1 授業実践にあたり

学校教育・体育は、第三者によって規定された、将来使うかどうか不明な知識や技能の伝達からは脱却すべきだと筆者は考えています。その知識や技能の伝達を中心とした体育授業では、子ども自身が体育を学ぶ意義を見出せず、身体活動への興味・関心を低め、ひいては運動する子としない子の格差を広げているように思います。

このような状況を踏まえ、これからの体育教師に求められることは、すべての児童・生徒に運動の特性を味わわせ、学び合いの中で「身体的リテラシー」(https://www.physical-literacy.org.uk)を身につけさせることではないかと考えます(第I部第2章の図2‐4にも記載しています)。

本章は、筆者が附属鎌倉中学校にて行った器械運動の実践です。一瞥すると「倒立」の授業ですが、その裏にある隠れたカリキュラムを筆者の発言及びそのねらいから追っていきましょう。

2●器械運動の意義の共有

本授業の条件は、①器械運動単元導入の1コマのみ、②1年生の2クラス80人合同授業、③器械運動の学び合いの一方策を中学校教師も含め理解してもらうことでした。ゆえに、「講義+協働の学び」という大枠で授業を構成しました。

まずは「21世紀における器械運動って?」という器械運動の意義を共有する講義です。パワーポイントを用いて生徒理解を深める対話をしながら進めました(以下、▼は筆者の発言、▽は生徒の反応)。

▼まず、みんなのこと教えて。体育好きな人?
▽なんと8割以上が挙手しています。中学生にしては比較的多いようです。
▼なら、器械運動が好きな人は?

▽2割弱の生徒が挙手していますが、激減。これは予想通りです。

▼なぜ、体育は好きなのに、器械運動は好きじゃないの？

▽「できないから」「下手だから」「痛い」……と返ってきました。これも予想通りの回答です。この子どもたちは器械運動においては、技の獲得を中心とした授業を受けてきたようです。

▼みんなのお家の人や知り合いの大人で、伸膝後転や側方倒立回転を趣味や日課にしている人はいますか？

▽一同笑いが起こります。挙手はありません。

▼えっ、では、何でみんなは器械運動をやるのだろう？

▽一瞬沈黙した後、筆者と目が合った生徒が、「学校とか文部科学省が決めているから……」「成績のため」と回答します。周囲からは同調の頷きが見られます。

▼期待通りの回答をありがとう（笑）。20世紀はそれで良かったのよ。決められたことをこなし、良い成績を取り、良い学校に入ることで明るい将来が約束されていたから。でも、今は違います。そして梅澤先生は知っていますよ。そのように将来の自分に役立つかどうか不明瞭な勉強に、みんなが成績以外の意義を感じていないことを。

▽器械運動を「できないから好きではない」と言っていた子の目が輝いています。

▼私は、「内申のため」も含めて、学校だけでしか使わない技術の獲得で終わる体育を変えていきた

いのです。

▽参観されている先生たちは苦笑いです。一方で、「下手だから」と回答した子は、体育座りの膝の下で拍手をしています。

▼でも、将来使わないからという論理だけが通るならば、数学も理科も不要だからやらないという人が増えてしまう。でも、それは何か違うよね。実は、学校で学ぶ内容はすべて、君たちの視野や世界を広げてくれるのです。

▽一同は腑に落ちない頷きをします。これは想定内です。

▼例えば、体育ならば、その運動にどっぷり浸ることで運動の世界が拡がります。器械運動では、非日常的な運動感覚の中で新たな世界が拓かれます。

▽「大学の先生、むしろ意味わかんない！」という表情の連続。大丈夫、想定内です。

▼みんなは今日、駅から学校までどうやって来ましたか？

▽「歩いて！」と返ってきます。

▼では、こう歩いてきた人はいますか？

〈私が指し示す方から、アシスタント学生が倒立で歩いてきます〉（写真6－1）

▽一同、歓声と笑い声が起こり、全員の目が輝きます。

▼これが「非日常」です（笑）。逆さで立ったり、逆さを経過して世界がグルンと回って、また元の

写真6-1　非日常で歩く

姿勢になったり。このような器械運動ならではの「動きの感じ」を味わうことが学びの中心です。日常動作ではないから誰にとっても難しい。だから面白いのです。

▽難しいのが面白い？　怪訝そうな頷きを見せます。

▼これから活動しますが、その前に約束事をお伝えします。

▼一つ目は、『できるとできないの間を愉しむこと』です。できなければならないという意識が、運動世界から皆さんを遠ざけます。できるとできないは、50：50の状態がもっとも面白いのです。できることだけが好きな人は、一生「1＋1」をやり続けてください（笑）。

二つ目は、安心感を与え合ってください。マットは、皆さんに安心感を与えるモノです。それ

写真6-2　笑顔で支え合う

に加えて、仲間同士『けがをしない・させない』という責任を互いに持ち寄ってください。さらに、心の安心感を与え合うために、失敗をあざ笑うことは禁止します。

▽最後の言葉で安堵感を覚えている生徒の表情が印象的でした。

3●全員が倒立の世界に浸るための身体性

「逆さで止まる感覚を愉しみ合おう」をテーマにペアでの活動に入ります。

体をのけ反らせる子、補助役に無理やり脚を持ち上げられる子、補助役まで脚が振り上がらない子……。さまざまな「できない」が存在する中で、体育館は良い笑顔で溢れています（写真6-2）。

失敗が受容されやすい空間になっているのでしょう。「できないから嫌だ」と言っていた生徒も、繰り返し倒立に挑戦しています。

このように自然に「運動世界」に浸らせるために必要なことは、まず「できない」ことを受容し合える身体性をもたせ、共に支え合う関係のデザインを行うことだと考えます。それは広い意味での身体的リテラシーだからです。

4 運動感覚の学び合いと発達の最近接領域

全員が器械運動の世界に浸りはじめた頃に、テーマの再確認をします。つまり、体育ゆえに運動世界の中心に誘うこと、本時では、学習内容としての「逆さで止まる感覚」を忘れてはならないのです。

▼ちょっと活動ストップ！　止まる感覚を味わうポイントをお話しします。

本当は、この感覚を得るためのコツを学習者から言わせたかったのですが、時間がなかったので、筆者が伝えます。

▼逆さで力んでいる子がいるね。朝会の「気をつけ」ではそんなに力まないのに（笑）。逆さで楽に止まるには、起立姿勢の反対を考えよう。起立姿勢では、（アシスタントを見本に）足の上に膝、腰、肩、バンザイの肘、手と一直線に並んでいるね。倒立では、手、肘、肩、腰、膝、足とまったく反対になるのです。では、「逆さ一直線」をつくれるかどうかを愉しみ合おう。

その後、「手の指先で向こう側への勢いをコントロールできること」「お尻にキュッと力を入れること」などの「逆さでピタッと止まる」コツを伝えました。

どっぷり浸かって（没入して）いる状況では、能動性と協働性が増すため、教師のコツの伝授を、「ありがたい」お話のように聴いてくれます。それらのコツをもとにペアで「倒立感覚」を養っていきます。

▼ペアにどのくらいのサポートをすれば、できるとできないが50：50になるかを見極めてね。

逆さで止まれているペアの場合は、ゆっくり手を離しています（写真6‐3）。他者の身体活動をより良くするために自身の支援を少しずつ減らしているのです。

自分一人では到達できないものの、他者の支援があれば発達できる領域を「発達の最近接領域」と

写真6-3　仲間の発達のために

いいます。多くの中学一年生は、一人で倒立ができません。しかし、仲間の支援があれば可能です。ゆえに学び合う必然があるのです。

運動感覚を協同的に学び合う場面では、仲間にとってどの程度の支援をすれば良いかが大切になります。その際、他者を自身の一部と捉えるケアリング意識が重要になると思われます。

5●学び合いで身体的リテラシーの育成

身体的リテラシーとは「生活の中で適切な身体活動を維持するための動機、自信、身体能力、理解、知識」（前掲ＵＲＬ）です。つまり、スポーツや運動技術の獲得場面だけでなく、広く身体的なコミュニケーション能力など、健康な生活を送るための総合的な活用能力だといえます。

一部の中学生の身体活動からの逃避を食い止めなければなりません。その鍵になるのは、失敗を受容し合えるケアリング関係に基づく、身体的リテラシーを発揮させる学び合い場面の創出でしょう。

第7章 自他共栄とケアリング
――中学校第3学年「柔道」

実践協力：横浜国立大学附属横浜中学校教諭　関さおり

武道必修化に伴い、「柔道における重大事故」が報じられるケースが増えました。また、現在では、運動・体力格差という看過できない問題も並行して存在します。それらに起因するためでしょうか、「受け身ができる」という目標達成に向けた技能習得だけで完結してしまう柔道単元も存在するようです。事故の未然防止は専門職としての責務ですが、個人の受け身技術の獲得だけでは、20世紀型の教育方法から抜け出せていないと考えられます。

本章では、安全に柔道の特性を味わえる授業デザインについて検討していきましょう。

1●柔道の特性とは

体育における柔道の特性とは、相手との、①投げる／投げられない、②抑え込む／抑え込まれない、といった攻防における「できる／できない」の間に存在する面白さだと筆者は考えます。

攻防の「結果」、すなわち技をかけて勝つことだけを教師が重視するのは危険です。生徒は、その教師の思いを引き受け、体現しかねないからです。勝つための攻防だけに執着すれば、体格・身体能力等の格差を利用し「力ずくで投げ飛ばせばよい」という短絡的な反応をする生徒が少なからず現れるでしょう。それでは冒頭に述べた重大事故を引き起こしかねません。柔道事故被害者の会のＨＰ(http://judojiko.net)によれば、柔道での頭部外傷を起因とする死亡事故は、ほとんどが部活動中に起きています。学校では、「勝てば官軍的柔道」ではなく、「教育的柔道」を進めていく必要があるのではないでしょうか。

教育的柔道とは、攻防における「できる／できない」間の面白さに没頭でき、その前提としての「安心感」が確保されている柔道の学び合いだと筆者は考えています。

2●安全・安心を第一に

学校での柔道における重篤な事故の多くは、脳挫傷、急性硬膜外血腫など頭部を畳などに強く打ち付けたり、頭蓋の中で脳が急激な振動をしたりした場合に起きています。

昔は、ラグビーの「魔法の水」に代表されるように脳震盪で気絶をした後、再度ゲームに戻りプレーするのを美談とする風潮があったように思います。現在では「セカンドインパクトシンドローム」や「繰り返し脳損傷」が問題視されています。すなわち、一度だけでは致命傷にはならなかったものの、運動を継続し、繰り返し脳へのダメージが与えられたことで重篤な疾病に至ってしまうという問題です。

また、柔道に限らず、脱水症状に起因する重篤な事故も多く報告されています。これも昔ながらの「水を飲むな！」という根性論から生じる問題です。現在では適切な水分補給の推奨が教師には求められています。

教育場面における柔道では命をかける必要はありません。「命がけ」でなければ金メダルは取れないのかもしれませんが、ＪＵＤＯや部活動の柔道における指導場面でも安全は保障されなければならないでしょう。

3 真正な受け身

受け身は、柔道の投げ技に対し、頭部や頸部を守るために必要であり、安全のためにもっとも重要な技だといえます。しかしながら、冒頭で述べた通り、個人で行う受け身習得だけで数時間を費やすのは、柔道の特性を味わえない授業デザインだと言わざるを得ません。

そこで、真正な柔道場面での受け身へと変革していく方略を紹介いたします。木村（2016）によれば、後ろ受け身、横受け身、前回り受け身のいずれも、落下と回転の現象に分類できるとのことです。例えば、「小内刈り」では回転を伴った後ろ受け身を取る場合が多く、「大腰」では落下を伴った前回り受け身をするようになるといった具合です。

頭部を打つ事故が生じやすい「大外刈り」では、相手に足を刈られ体全体が宙に舞う瞬間があるため、落下を伴った後ろ受け身を取る必要があります。しかし、従来の個人で行う後ろ受け身の練習だけでは、この落下を伴った後ろ受け身を実践するのに十分とはいえないのです。ゆえに、この落下を伴った後ろ受け身の感覚を安全安心に学び合う必然性が生じるのです。

木村（前掲）は、グループ内の役割分業による落下を伴った後ろ受け身の学び合いを推奨しています（写真7-1）。受け身をする生徒をグループ内でケアし合いながら、真正な後ろ受け身を学び合っていきます。最初から写真のような馬の高さでは安心感が生まれないでしょう。ゆえに、はじめは、

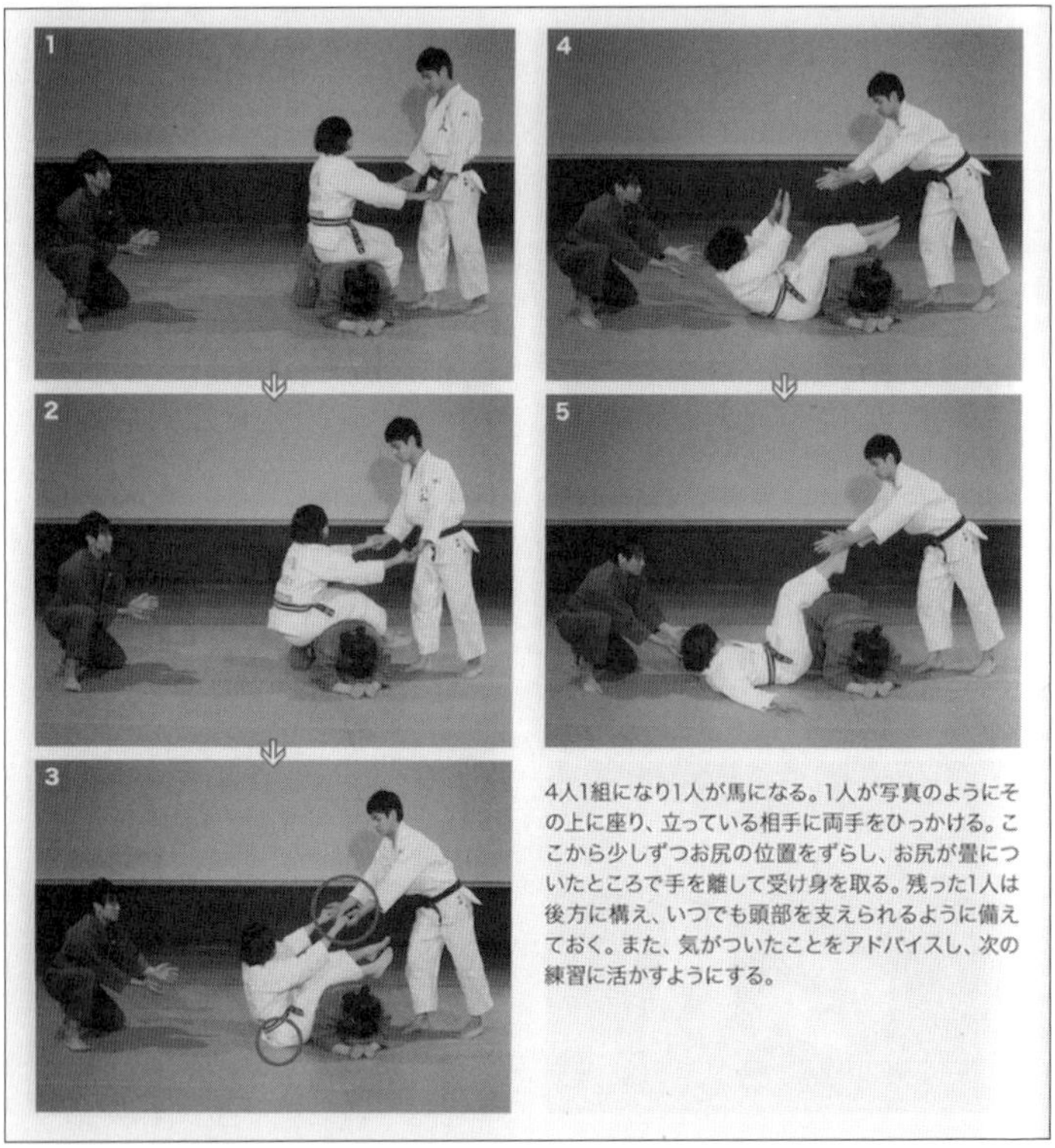

写真7-1　落下を伴った後ろ受け身における学び合い

木村昌彦（2016）「よくわかる柔道受け身のすべて」ベースボール・マガジン社より転載。その他の「落下」「回転」を伴った受け身の方法も図入りで記載されています。真正な受け身の指南書としてぜひご一読いただきたいです。

馬役がうつ伏せでスタートし、受け身役はお尻が畳についたら後ろ受け身をするレベルを推奨していきます。次のレベルは、受け身役のお尻のズレ[*1]を少なくし、うつ伏せの馬役から少しの落下を体感させます。写真7‐1は、その次のレベルであり、同様にお尻のズレを少なくするレベルに移行していきます。いずれも、互いの安全を保障し合うケアリング関係が重要だといえます。

＊1――お尻のズレ
写真7‐1における1〜3が「お尻のズレ」である。

4●崩しが「できる／できない」の間を愉しむ

「いま―ここ」の私とスポーツ運動とが溶け合った瞬間があります。柔道ならば、相手をひるがえす投げ技が決まった瞬間でしょう。筆者にも、スローモーションで思い出せる「投げ」のフロー体験があります。

しかし、そのような柔道における投げ技の特性を味わうには、まず、相手を崩すという事前の「できる／できない」の間が必要になります。実は、この事前の間が地味で面白味に欠けるのです。相手をぐらっとさせただけで投げ技が決まるわけではありません。ゆえに、柔道選手には連絡技や返し技が重要になるのですが、生まれてから一度も柔道経験のない一般生徒にとっては、その習得はとても難しいといえるでしょう。

木村（前掲）は、この崩しが「できる／できない」という遊びを、「投げない乱取り」として推奨しています。柔道用語辞典（http://www.judo-ch.jp/dictionary/terms/）によれば、「乱取りでは（中略）効果的に相手を崩したり、タイミングよく技を掛けたり、技を組み合わせたりする」ことを求めています。この乱取りにおいて、「技の防ぎ方、返し技などの技術を磨きます」。しかし、受け身の技術が完全でないまま、乱取りをすれば、頭部を畳に打ち付けるようなケースが頻度高く生じるかもしれません。そこで、次のようなグループでの「投げない乱取り」の協働学習を推奨します。

【投げない乱取り】（木村、２０１６を改変）

①一グループ四人から八人（道場の広さや畳の数で可変的に。見学者は審判や計時）。

②一試合四十秒（一グループの人数が多い場合は三十秒でも可）。

③グループ内の二名が参加し、連続で五回、技をかけられたら勝ち（連続五回は、生徒の実態で減らしても可）。

④負けた生徒が、グループ内の次の生徒と交代をする(勝ち残り)。ただし、四十秒で勝敗がつかなかったら両者とも交代する（一グループの人数が多い場合は、勝者がいたとしても両者交代という方法もある)。

⑤グループ内で試合に出ない生徒は、周りを囲み、万が一投げられてしまう場合など、仲間が頭を打たないように支援をする。また、一グループの人数が多い場合は、審判や計時など役割分業をする。
⑥技をかける＝相手を崩すまでが目的のため、投げたら反則負け。

相手を投げるまでの崩しが上達すれば、より効率的に技をかけられるようになります。そのためには、約束練習だけでは不十分です。なぜなら、実際の攻防場面では、「投げられまい」とする相手を崩さなければ、技はかけられないからです。打ち込みのような反復トレーニングは、勝利を目的にした部活動では必要かもしれません。しかし、少ない単元時数の中で、より攻防に近い形式で柔道自体の面白さの一部である「崩す／崩させない」の間の面白さを味わわせる必要があるといえます。

「投げない乱取り」は真正なだけでなく、連続で相手を崩さなければならないので運動量も豊富です。周りを囲んでいる生徒は見ながら学び、互いの良かった点を対話的に振り返る場面を設定すれば「学び合い」が創出されます。さらに、回りを囲っているので場外や他グループの方へ移動しそうな場合など安全が保障されないケースには仲間をケアし合えます。

写真7-2　黙想で敬い合う態度を再確認

5●附属横浜中学校の柔道実践

関先生は、協働と互恵性を前提に柔道の攻防の面白さを味わわせることを単元目標としています。協働をテーマにすると、やわらかな関係は創出されやすくなりますが、中学生にもなると馴れ合いによるだらけた雰囲気に陥る場合もあります。

＊

「相手を互いに敬うよ！」

黙想に入る前、関先生の大きな声が響きます（写真7 - 2）。教室内に密かに形成される固定的な人間関係を排し、誰とでも協働的に立ち振る舞えるのが現代的教養です。その前提は、相手を敬うリスペクト精神であり、それによって互いの安全を保障し合おうという関係が形成されます。

モノ化された他人から、大切な他者（仲間）へ

写真7-3　男女で声をかけ合い共に学ぶ

の意識変容の誘発は、さまざまな授業デザインに埋め込まれています。男女共習の上に男女混合グループ。思春期ゆえに身体接触がある技は男女別ですが、準備運動などは互いがアイコンタクトをとれる状況で行います。照れくさそうにしながらも笑顔で声をかけ合っています（写真７－３）。

男女が共に学ぶのは理念として当然の社会になっています。しかし、それは単に男女平等だという思想にとどまることはなさそうです。異性の存在が「力ずくで投げ飛ばせばよい」と短絡的で攻撃性が強い一部の男子に対する抑制効果にもつながると考えられます。

6 乱取りの中の互恵性

受け身の技量が上がり、技をかけるまでの崩しを実践的に学んだ後の単元後半、いよいよ攻防の中で「投げる／投げられる」感覚を養っていきます。Aさんは、同じグループのBさんと乱取りをする中で、技をかける／かけられる感覚を学び合っています（写真7‐4）。

Aさんは、大腰でBさんを投げます（写真7‐5）。「バーン！」と投げられるBさん。Aさん（左）が心配そうに「大丈夫？」と声をかけると、Bさん（右）は「めっちゃ速くてびっくりした（笑）。投げられて気持ち良かった」と（写真7‐6）。投げたAさんは、その言葉を聞いてようやく笑顔になります（写真7‐7）。柔道は相手がいてこそ本質的な面白さを味わえます。しかし、相手を一方的に投げ、抑え込み、勝利という結果だけを喜んでいるようでは、お互いの成長は味わえないでしょう。互いに恵みがあったと感じ合えるという互恵的な関係性が不可欠です。関先生の「相手を敬い合う」というリスペクト精神は生徒に浸透しています。

＊

Aさんは、学習カードに次のように記載しています。

【今日のMVP】Bさん
【理由】投げられた後の受け身がすごくきれいだから。
【授業でわかったこと】
○投げたあと、引き手だった手も相手の右手を引いて、命の手にすると、しょうげきを抑えられる。

写真7-4　乱取りの中で学ぶ

写真7-5　乱取りで「投げる／投げられる」

写真7-6 「投げられて気持ち良かった」

写真7-7　相手の安全を確認してから喜ぶ

○相手を崩すために右前隅なら、大きめに左足を引くようにすると、より相手を崩しやすい。

＊

一方、Bさんは、次のように記載しています。

【今日のＭＶＰ】Ａさん

【理由】大腰のアドバイスをくれたから。

【授業でわかったこと】

○１、２！で相手を腰に乗せられるようになった。

○相手を右前隅に大きく崩しながら右足を相手の体の向きと平行になるようにすばやく入れることができた。

＊

ＡさんとＢさんは互いをＭＶＰとし、ＡさんがＢさんにかけた大腰の技能ポイントの共有が感じられる記載となっているのが特徴的です。

お互いの安全を確保した上で、互いに柔道ならではの面白さを探究する自他共栄が求められます。それは、「投げられた！」という瞬間に敗北を受け入れ、目を閉じることなく受け身を取り、「投げた！」という瞬間に相手の安全のために「命の手」を引く（相手の頭部を守る）という、柔道と私（自己）と他者（相手）とのケアリング関係といえるでしょう。

7 柔道を学ぶ意味と意義

意味は、「いまーここ」に没頭し夢中になっている状況だといえます。スポーツを学ぶ中で立ち上がる意味は、運動と自分が溶け合った「スポーツ運動」の瞬間に浸るということです。柔道ならば、「投げる／投げられない」「抑え込む／抑え込まれない」などの非日常の「できる／できない」の間への没入が、意味が生まれている瞬間だといえるでしょう。安全・安心を前提とした上で、その「できる／できない」の間が50：50になるよう教師が教育的にデザインすれば、柔道の特性を生徒たちが存分に味わえると考えられます。

一方で、学ぶ意義とは、その学んだ内容に関する価値です。柔道自体を目的とし、その直接的な資質・能力を上げるのが、まずは重要です。しかし、「将来、柔道をする気がない」という多くの生徒にも、その価値を説明できなければなりません。すなわち、柔道を手段とした教育において将来活用できる汎用的な資質・能力を明らかにしなければならないのです。柔道の技能における汎用的能力は、いざというときの身のこなしにつながると考えられます。例えば、①バランスを崩しそうになった際に姿勢保持をする、②転んでしまった際、力を逃し大きなけがを未然に防ぐ、といった身体的リテラシーを身につけさせる点に帰着すると考えられます。さらに、互いにけがをしない・させない関係の中で学び合うためには、自他共栄の思想も不可欠になります。つまり、柔道を学ぶ中で、互いに信頼し、助け合うことができれば、自己も他者も共に栄えることができるという態度が汎用的資質として育成可能だと考えられます。

教育的柔道の学び合いには、専門職としての教師の学びも不可欠です。「事故が起きるからやらない・やらせない」ではなく、その事故原因を分析し、未然に防止し合う必要性が高まっています。誰もけがをしない・させないといった安全・安心な柔道の学び合いが広がっていくことを願ってやみません。

〈引用・参考文献〉

◎木村昌彦（2016）よくわかる柔道受け身のすべて、ベースボール・マガジン社.

最終章
21世紀型の体育の創出に向けて

教育現場での流行語のような「学び合い」を、体育でより良く実践するための理論と実践の紹介が本書の目的でした。最終章では、改めて体育の学び合いの意義を社会的背景と本書の内容から再検討していきましょう。

1 学び合いを再検討

過日、ある小学校で情報活用能力の育成をねらいとした一人一台タブレットＰＣによる算数授業を参観しました。児童は各自IDを入力し、個別の課題に夢中になって取り組んでいます。しかし、全員が下を向き、45分間、子ども同士が分断され続けた学級空間に違和感を覚えました。この授業は、自己と学習対象との対話は存在したものの、自己と他者と学習対象との対話的実践（第I部第6章）には至らなかったからです。

21世紀をより良く生きるために必要とされるキー・コンピテンシー（主要能力）には、新しい知識や情報、技術（ICTを含む）の活用力（リテラシー）に加え、多様な他者とのコミュニケーション能力や主体性・自律性も含まれています（第I部第2章）。国内では、21世紀型の能力を育成するために、主体的・協働的な学習としてアクティブ・ラーニングが希求されています（第I部第1章）。

これらの能力観、学習指導観の転換は、21世紀の学校教育において、協働して学ぶ「学び合い」が必要不可欠な教育方法であることを示唆しています。

2 教え合いから協働へ

協働とは「同じ目的のために、二人以上が協力して働くこと」（『日本語大辞典』）です。その協働という言葉が多く使用されるようになったのは、2002年の「グローバル・シェアリング（地球規模の共有）構想」（外務省）以降でしょう。グローバル・シェアリング構想では、持続可能な社会のためにすべての国が対等なパートナーシップに基づき、認識・戦略・責任・経験・情報を共有することを原則としています。

21世紀の学び合いは、「同じ目的のために」「対等なパートナーシップ」に基づくという事項がポイントになると考えられます。すなわち、できる子ができない子に教えるという一方通行の「教え合い」との決別を示唆しています。

子どもたちが同じ目的のために学び合うためのポイントは、協働達成が不可避なプロジェクトやテーマを教師が設定することにあります。

第Ⅱ部（実践編）第1章のリレーでは、チームのタイムの合計がいかに縮むかの「クラスベストを出そう」というプロジェクトでした。単元全体を通じて密かなチーム間の切磋琢磨と「対等なパートナーシップ」が創出されやすい典型的なプロジェクトだといえます。また、第6章の器械運動では「逆さで止まる感覚を愉しみ合おう」がテーマでした。「できるとできないが50：50の状態が面白い」（第Ⅰ部第3章）を前提とし、互いの適切な支援によって非日常の動きの感覚を味わい、「力まず」に逆さで止まる＝倒立というわざの修練に繋げるテーマです。

このような協働の必然があるプロジェクトやテーマを、教師たちが実践共同体として同僚性を発揮しつつ（第Ⅰ部第7章）、学び合うことも求められています（第Ⅰ部第8章）。

3 競争と学び合い

体育は、集団で行うスポーツを教材とする場合が多いため、学び合いは当たり前と思われています。しかし、スポーツの競争要素だけが前面に押し出されると、学び合いは行われません。「『競争に勝つ』ことのたいせつさだけ教え込んでいたら、子どもはいずれ、『自分ひとりが相対的に有能で、あとは自分よりも無能である状態』を理想とするようになります」（内田２００８）。体育教師（を目指す学生）の多くは、スポーツに内在する競争の中で自己を創り上げてきた（きている）ことでしょう。ゆえに競争の重要性が心身に沁み渡っていると考えられます。

時折、「勝つための方法・作戦を考えよう」といったテーマを掲げた体育授業に出くわします。ほとんどの実践が、勝ったチームは優越感の共有をもとに仲間関係が強固になり、負けたチームは劣等感に苛まれ険悪なムードで終わります。至極当然です。子どもたちにも、教師が抱いている「競争は勝つためにある」という思想が沁み込んでいるためです。子どもたちは口には出しませんが感覚で気づいています。「勝つための（一番効率的な）方法は、できない奴がいなければよい」と。できない子からすれば「自分さえいなければよい」という思考につながりかねません。さらに、柔道において「勝つ」ことだけを目的にすれば、生徒の他者への配慮を忘却させ、重大事故につながりやすくなると考えられます（第Ⅱ部第７章）。

スポーツに付随する競争は、学校教育においては目的にはなり得ません。教育における競争は、互いが切磋琢磨し、共に成長し合うという超越的な学び合いのための手段だと考えられます。

4 子ども格差への対応とQPE

現在、運動をする子としない子の格差が問題となっています。また、体力格差には保護者の所得など生育環境の影響が指摘されています（舞田２０１５）。

能力が高い子だけが楽しいという体育は、勝利だけを目指す運動部活動やスポーツクラブとまったく変わりません。佐藤（２０１５）は「世界各国の学校において体育科は消滅するか授業時数を減らし（中略）、スポーツ文化活動として学校の外に追い出されている」と指摘しています。

しかし、体育がスポーツとして学校外に追い出されれば、格差の底辺層の子は、ますますスポーツ・運動から離れていき、スポーツや健康格差は拡大するでしょう。

今こそ公教育としての体育の意義を再確認する時期なのではないでしょうか。

21世紀は、すべての子どもを対象に、質の高い体育を提供していかなければなりません。ＵＮＥＳＣＯは全世界の人類の健康の保持増進のために良質な体育（Quality Physical Education＝ＱＰＥ）の必要性を訴えています。

ＱＰＥが対象とする者は、運動ができる／できないといった格差のレベルを大幅に超えています。男女差別のある国には男女共習を求め、障害を有する子も健常児と共に学び合うというインクルーシブな体育の重要性も訴えています。

学校体育が公教育である以上は、すべての子どもを対象にしなければ説明責任は果たせません。今こそ、すべての子どもを対象とした良質な体育の学び合いを創出していく時期だと考えます。

5●すべての子どもを学び合わせるケアリング

バブル崩壊後の日本は、右肩上がりで競争的な「成長社会」から協働と創造を重視する「成熟社会」への転換に苦しんだ「失われた20年」と言われています。筆者は、日本の学校体育も同様な質的転換に苦しんでいると考えています。

第Ⅰ部第1章で述べた通り、すべての学習者が右肩上がりのチャンピオンシップスポーツの頂に向かうわけではありません。成熟社会は生涯学習社会でもあるため、チャンピオンシップではない、もう一つのレクリエーショナルスポーツを志向する頂があります。その2つの頂からなる連峰型の重なりが学校体育です（第Ⅰ部第2章）。自己と多様な他者とスポーツ運動との三位一体の実践として「私たちの、私たちによる、私たちのためのスポーツ」を協働的に創造していく営みだといえます。また、生涯を通じて「非競争の身体活動」のみで生活していく層が多いのも事実です（第Ⅰ部第2章）。それは、単に競争のためのスポーツ教育だけではなく、身体的リテラシーの育成を中心に据えた体育の在り方を創造していく必要性を示唆しているのではないでしょうか。

そのような21世紀型の体育における学び合い実践に共通に認められるのは、他者に対するケアやリスペクトの意識によって構築されるケアリング関係、すなわち互いの成長を喜び合える互恵的関係です（第Ⅱ部第2、4、6章）。同様に、小学校低学年では身体的共振によって共に学び合う関係も構築できます（第Ⅱ部第3章）。

6●運動世界に誘うモノ・教師――まとめにかえて

良質な体育の学び合いを創出するためには、すべての子どもを運動世界に誘うためのユニバーサルデザインのモノ（物）を導入する必要もあります（第Ⅰ部第5章、第Ⅱ部第2章）。しかし、あまりに優/易しすぎる道具になると、運動が得意な子にとっては満足できません。教師はその頃合いを見とり、学級内のすべての子どもにとって新たな運動世界が拓かれる道具やルールを設定する必要もあります（第Ⅱ部第4章）。また、ＩＣＴ機器はまさにコミュニケーションツールとして私たちの動きを見合う活動で活用できます（第Ⅱ部第5章）。

しかし、時代がどんなに変わっても、もっとも子どもたちを学びの世界に誘うモノ（者）は教師でしょう。本連載の実践協力者は、いずれも共感性が高い先生でした。丁寧な子どもの見とりと学級・学年経営。「体育上手は、経営上手」と毎回授業を参観しながら敬意を表しました。

そのような良質な教師の憧れには子どもたちも憧れます（第Ⅰ部第4章）。大好きな先生が憧れている「私たちのスポーツの協働的創造＝学び合い体育」に子どもたちが憧れ、いつの間にか「学び合い体育」の世界に没入し、そのスポーツや運動のもつ面白さを味わい、新たなスポーツ世界を拓き合っていったのでしょう。

すべての子どもを対象とした良質な体育の学び合いが、2020年東京オリンピック・パラリンピックのレガシー（遺産）として残り、広がっていくことを願っています。

〈引用・参考文献〉
◎舞田敏彦（2015）子どもの体力・健康と家庭の経済力の相関関係，体育科教育63（5）.
◎佐藤学ほか編著（2015）体育における「学びの共同体」の実践と探究，大修館書店.
◎内田樹（2008）街場の教育論，ミシマ社.

あとがき

体育館、校庭、教室……。筆者が授業にお邪魔する際、まず感じるのはクラス内のムードです。

過度にピリピリしているクラス。運動のできそうな子だけが盛り上がっているクラス。これらのクラスの特徴は、規律正しさや盛り上がりのウラで運動に没頭できない子どもが密かに存在している点です。

一方、優しいムードで溢れているクラスもあります。「できる」子が配慮をしつつプレーをし、仲間や相手の安全・安心が確保できるように自身の高いパフォーマンスを活用します。また、優しいムードのクラスが決定的に素晴らしいのは、「できない」子たちが、遠慮なく楽しそうに参加している点です。

前者のクラスは勝利や達成を目的にする部活動・クラブのムードと等しいです。一方、後者のムードは全員が楽しめるレクリエーション的なスポーツ場面そのものです。

生涯スポーツという言葉が叫ばれて数十年。平成24年に策定されたスポーツ基本計画（文部科学省）では、週1回以上スポーツまたはレクリエーションを実施する成人を65％以上にするのを目標としています。しかし、平成27年の調査結果では、約40％にとどまっています。世論は、親世代の体力テストの平均値との比較に縛られすぎているように思います。しかし、その親世代の教育方法の負の側面に目を向けている人はどのくらいいるのでしょうか。また、平均を低めている運動・体力格差の低水準層の拡大を不問にしている点や、その格差の低水準層の子どもたちが「運動から逃避」しはじめている現状に、筆者は問題意識を抱いています。

その解決策として、ケアリングを基盤とした、多様な他者同士の互恵的な学び合いを体育に導入したいと考えているのです。

体育をはじめ技能系の教科を全ての子どもが学ぶ必然は、生活を豊かにする点だといえるでしょう。体育を全ての子どもが学ぶ必然は、健康的な生活を営むための資質・能力の育成だと思われます。

しかし、それは、いい加減さや楽をすることを学ばせるのとは違います。より生活を豊かにするためには、①「深く学ぶ」必要があるからです。ところが、教師の指導性が過度に強まり、子どもたちの中でやらされ意識が生まれると、豊かな生活に繋がらなくなる可能性が高まると考えられます。なぜなら、やらされる勉強型ほど、学びから逃避する子どもが増えるからです。ゆえに、②「主体的・能動的に学ぶ」ことが同時に求められるのです。また、多様な他者と協働する資質や能力も希求されるようになり、③「対話的に学ぶ」のも当然になりました。これら①~③は本書の「学び合い」の根幹であると同時に、アクティブ・ラーニングとしての授業改善の視点とされています。

「はじめに」で述べた「なぜ体育で学び合いなのか」という問いに対する答えはオープンエンドです。しかし、体育における学び合いを検討する際、「(格差も含めた) 全ての子どもを対象としているか」「体育固有の運動の特性 (面白さ) を味わわせる授業デザインになっているか」という視点は不可避でしょう。本書でも紹介してきたとおり、子どもたちはさまざまな「かかわり合い」のなかで、スポーツ・運動というコトに没入していきます。その夢中になっている「いま―ここ」の瞬間は、どのような・何との「かかわり合い」から生じたのでしょうか。反対に、子どもが「深く」「主体的に」「対話的に」学べなかった場合、教師は、どのような「かかわり合い」をデザインすべきなのでしょうか。それらを教師同士が学び合っていくのが、これからの授業研究会の在り方の一つだと考えます。

「あとがき」の冒頭で述べた二種類のクラスの差には、体育に対する教師のフィロソフィー(哲学) が大きく関与していると思われます。ウィトゲンシュタイン (『論理哲学論考』野矢茂樹訳、岩波文庫) によれば、「哲学の目的は、思考の論理的明晰化」であり、「哲学は学説ではなく、活動である」そうです。

全ての子どもを対象とした21世紀型の体育において、彼／彼女らの生涯を通じた健康や身体活動の保持増進を軸に「論理的明晰化」がなされるべきだと筆者は考えます。また、教師としての具体的な「活動」は授業のデザインや実践ではないでしょうか。いまこそ体育の難題である「運動からの逃避」「運動格差」を踏まえた21世紀型体育の再構築の時期です。本書が読者のフィロソフィー構築の一助になれば幸いです。

本書の出版にあたっては大修館書店の皆様には多大なご尽力を賜りました。特に川口修平氏には編集において多大なご支援をいただきました。心より感謝申し上げます。また、実践編では日頃より協働的に学び合っている先生のご協力を賜りました。各先生と学級内の全ての子どもたちとのやわらかな「学び合い体育」実践が、ケアリングを基盤とした体育が単なる理想論ではないことを実証してくれたように思えます。誠にありがとうございました。

学び合いに終わりはありません。眼前の子どもたちと新しくアップデートされた教師とで、新しい学び合い創出の50：50をお愉しみいただければ幸甚です。

２０１６年5月　梅澤　秋久

梅澤秋久（うめざわ あきひさ）

横浜国立大学教育学部教授。1971年生まれ。小学校教員を15年経験後、帝京大学専任講師、准教授を経て2013年に横浜国立大学教育人間科学部准教授に着任。2017年より現職。東京学芸大学大学院学校教育学研究科修了。博士（教育学）。

体育《たいいく》における「学《まな》び合《あ》い」の理論《りろん》と実践《じっせん》

NDC375 / xvi, 176p / 19cm

初版第1刷発行――2016年7月20日
第4刷発行――2023年9月 1日

著　者――梅澤秋久《うめざわあきひさ》
発行者――鈴木一行
発行所――株式会社 大修館書店
〒113-8541　東京都文京区湯島2-1-1
電話 03-3868-2651（販売部）　03-3868-2299（編集部）
振替 00190-7-40504
［出版情報］ https://www.taishukan.co.jp/

装丁・本文デザイン――石山智博（TRUMPS.）
カバーイラスト――岡部哲郎
組　版――加藤　智
印刷所――横山印刷
製本所――牧製本

ISBN978-4-469-26800-3　Printed in Japan